Yo soy la naturaleza

Mariano Peyrou

Yo soy la naturaleza

Límites de la poesía y del arte

EDITORIAL ANAGRAMA
BARCELONA

Ilustración: © Eva Mutter

Primera edición: *marzo 2025*

Diseño de la colección: lookatcia.com

Pau Claris, 172
08037 Barcelona

ISBN: 978-84-339-2922-8
Depósito legal: B. 3267-2025

Printed in Spain

Liberdúplex, S. L. U, ctra. BV 2249, km 7,4 - Polígono Torrentfondo
08791 Sant Llorenç d'Hortons

«De manera un poco desafiante, me atrevo a decir que la fuerza de la poesía lírica reside en su tono», escribe Hans-Georg Gadamer. «Y digo "tono" en el sentido de *tónos,* tensión, como la de una cuerda tensada.» Esta tensión, este tono, es lo que caracteriza a un auténtico poema, y puede adoptar distintas formas, pero básicamente procede de apartarse del uso cotidiano del lenguaje y hacer que las palabras no hagan lo que suelen hacer, emplearlas para que hagan otra cosa. La función cotidiana de las palabras consiste en la transmisión de un sentido. Pero el sentido no es algo material ni estático; más que a un objeto, se parece a una sensación. La poesía trabaja con algo parecido a sensaciones, y señala y explota el carácter inmaterial y dinámico del sentido; más que a transmitir un sentido, aspira a estimular la creación de sentidos.

Esta idea es muy antigua y está por todas partes. Aristóteles, en la *Retórica*, alaba la claridad en el lenguaje oral y afirma que en el discurso poético, en cambio, no sería adecuada. Guillermo de Poitiers, duque de Aquitania que vivió entre los siglos XI y XII y es considerado el primer trovador, escribe: «Haré un poema que no hablará de nada»; y, cuando está a punto de terminarlo, constata: «Hecho está el poema, no sé de qué habla». Torquato Tasso escribe en 1587 que los términos poco habituales «son como extranjeros entre los ciudadanos: parecen extraños y producen maravilla». Recogiendo la idea de Aristóteles, Luis Carrillo y Sotomayor escribe en 1611 que la claridad, en un poeta, es «vicio no humilde y pequeño». En 1750, Alexander Baumgarten publica su *Estética,* obra en la que separa esta disciplina de las restantes ramas de la filosofía y define este término –acuñado por él– como la ciencia del conocimiento sensible, en oposición al conocimiento lógico. A finales del siglo XVIII, Friedrich Schiller afirma: «Cuando me siento a componer un poema, me ocurre con frecuencia que su musicalidad pesa sobre mi alma más que el concepto claro de su contenido, que en muchas ocasiones no comprendo». En esa misma época, Novalis habla de «poemas únicamente armoniosos para el oído [...], pero sin significado ni coherencia», y dice que la verdadera poesía puede «producir, como la música, un efecto indirecto», y Friedrich Schlegel escribe que «con frecuencia, las palabras se entienden mejor a sí mismas de lo que las entienden quienes las usan». John Keats desea volar «en las alas invisibles de la poesía, / aunque la sosa mente esté perpleja y estorbe», según dice en «Oda a un ruiseñor», un poema de 1819. Un par de años después, Percy Bysshe Shelley escribe que la poesía puede «traer la luz y el fuego de esas regiones eternas en las que la facultad de cálculo, con sus alas de lechuza, no se atreve a elevarse», antes de afirmar lo mismo de un modo más prosaico: «La poesía no es como el razonamiento». En 1831, J. W. Goethe dice que en la poesía hay algo «demoníaco», que «va más allá de la razón y el entendimiento». «Si leo un libro y el cuerpo se me enfría tanto que no hay fuego que pueda calentarlo, sé que es poesía», escribe Emily Dickinson en 1870, señalando que la poesía, más que decir, hace cosas, y que sus efectos principales no se producen en un nivel racional. Paul Verlaine, en 1874, propone en su «Arte poética» que «lo incierto se una a lo preciso» y declara en el primer verso: «La música ante todo». Unos años más tarde, Stéphane Mallarmé habla de un decir que es «ante todo, sueño y canto». Valle-Inclán, ya a comienzos del siglo XX, reitera que «el verbo de los poetas, como el de los santos, no requiere descifrarse por gramática para mover las almas. Su esencia es el milagro musical». Paul Valéry plantea que «cuando el verso es muy hermoso, no pensamos en comprenderlo. Ya no es una señal, es un hecho». Marcel Proust dice que «los libros hermosos están escritos en una especie de lengua extranjera», y Gilles Deleuze, comentando esta afirmación, apunta que el escritor «saca a la lengua de sus itinerarios habituales, la hace *delirar*». Clarice Lispector escribe que «la creación no es una comprensión, es un nuevo misterio» y Eugenio Montale explica que «si el problema de la poesía consistiera en hacerse entender, nadie escribiría versos».[1] Virginia Woolf aclara que «una cosa es el verde en la naturaleza y otra es el verde en la literatura», y habla de la «natural antipatía» que parecen tenerse la naturaleza y la escritura: el arte tiene dificultades para reproducir lo real, habla un lenguaje que no es el de lo real. Roland Barthes añade que «hay quien siente (¿sentía?) una voluptuosidad al escribir, al deslizar la pluma, al trazar el arabesco de las palabras sin ninguna consideración por lo que quieren decir». «El sentido es el opio del texto», sintetiza maravillosamente Hélène Cixous.

Si la frase de Cixous me parece tan buena es porque muestra que en el desinterés por transmitir *un* sentido hay un potencial revolucionario: al remitir a la frase de Marx, asocia cierto tipo de escritura con la subversión de los valores dominantes.[2] Estos valores, contra los que en realidad atentan todas las formulaciones que he mencionado (y que espero que quede claro que, aunque pueden proceder de posiciones marginales o periféricas, hoy están en el centro de la cul-

1. De un modo muy similar, en el ámbito del arte Edward Hopper comenta que «si pudiera decirlo con palabras, no tendría motivos para pintar».

2. Al igual que la religión mantiene al pueblo anestesiado, la univocidad se vincula con el conformismo y la apatía.

tura occidental), pueden resumirse en el concepto de logocentrismo: la valoración de lo inteligible sobre lo sensible, de lo racional sobre lo intuitivo y emocional. Al vincularse, entre otras cosas, con lo masculino y con Occidente, el logocentrismo funciona como un marco conceptual que justifica diversas clases de opresión.

La poesía, por lo tanto, puede entenderse como esencialmente antilogocéntrica.[1] Para poder afirmar esto hay que diferenciarla de ese otro tipo de escritura que podríamos llamar «poesía», entre comillas: textos que comparten ciertos rasgos superficiales con la poesía, pero que divergen radicalmente de ella en su esencia.

El cuadro más famoso del mundo muestra un rostro que no se deja interpretar. Lo famoso del cuadro más famoso del mundo es lo enigmático de ese rostro. Podríamos pensar que el arte, por medio de *La Gioconda*, dice que lo que le interesa no es tanto la belleza como el misterio. Ese misterio, al menos en parte, procede de la ironía de la sonrisa, que se mueve entre la seducción y la frialdad, generando en el espectador, como dijo Théophile Gautier, «un pensamiento vago, infinito, inefable, como una idea musical».

Si la música aparece tanto como modelo de la creación artística –Walter Pater dirá que todas las artes aspiran a la condición de la música– es porque no

1. La queja habitual de que un poema o una obra de arte «no se entiende» es, por supuesto, un síntoma de logocentrismo. Volveremos sobre esto.

transmite un significado preciso, sino que funciona como un potentísimo detonante para la construcción de mundos imaginarios.[1] Y si los oyentes no perciben un significado preciso, tampoco los músicos parten necesariamente de ideas o emociones concretas. «Ciertamente se equivoca quien crea que los compositores toman papel y pluma con el mísero propósito de expresar, describir o pintar esto o aquello», resume Robert Schumann. Y Sonny Rollins, desde el ámbito del jazz, dice que la improvisación no consiste tanto en recordar como en olvidar: poner la mente en blanco y permitir que a uno se le ocurran cosas sin que uno sepa de dónde vienen.

Según G. W. F. Hegel, el arte refleja el proceso por el que el espíritu se conoce a sí mismo, pero no lo hace por medio de conceptos, sino de objetos. El principal propósito del arte, para él, no es imitar a la naturaleza, sino dar lugar a la contemplación de la libertad espiritual; la belleza es bella porque es una muestra de libertad. Critica, por lo tanto, el arte que imita las apariencias, es decir, el arte *mimético*. Thomas McFarland propone el término *meóntico* para re-

1. Por supuesto, la música no siempre ha sido un modelo de la creación artística. Desde la Grecia clásica, contexto en el que se funda la cultura del logos, la música fue la menos valorada de las artes. En el Romanticismo, cuando tiene lugar el que probablemente haya sido el principal ataque de la historia contra el pensamiento logocéntrico, la música se convierte en el arte más valorado.

ferirse al arte que, por el contrario, imita «lo que no está ahí», y lo asocia con la poética romántica citando una carta de John Keats en la que este se distancia de Byron diciendo: «Él describe lo que ve. Yo describo lo que imagino». McFarland también menciona a Charles Baudelaire, que escribe: «Considero inútil y tedioso representar lo que existe, porque nada de lo que existe me satisface» y «prefiero los monstruos de mi imaginación a la trivialidad» del realismo. Para Hegel, el empleo del humor en el arte hace que «lo esencial brote de lo contingente» y que «la trivialidad se acerque a la idea suprema de profundidad»,[1] cuando funciona bien; si no, si el yo del artista está muy presente, si «el propio artista pasa a formar parte del material», su subjetividad «destruye y disuelve todo lo que se propone ser objetivo».

En el Romanticismo, la obra de arte asciende de categoría: deja de considerarse una representación de lo real para convertirse en una realidad; deja de funcionar como una ventana para asomarse a un momento determinado y se convierte en algo que siempre está ocurriendo; deja de ser la huella de un acontecimiento y se convierte en un acontecimiento.[2] O, al menos,

1. Me gusta que por dos caminos tan distintos lleguemos a la idea de la trivialidad. Más adelante hablaremos de esa sensación que tiene alguna gente de que ciertas obras son una tomadura de pelo.

2. Quizá habría que decir que estas aspiraciones, que cobran un impulso impresionante en el Romanticismo y se concretan de un modo radical en el siglo XX, siempre habían estado ahí. Francesco Patrizi, por ejemplo, escribe en 1586 que

aspira a todo esto, a suprimir los límites que la separan de la vida. La separación del arte y la vida es algo occidental, y tiene que ver con la orientación hacia lo económico y la valoración de lo útil, tan características de nuestra cultura. «No tenemos arte. Todo lo que hacemos es arte», afirman, en cambio, los balineses; en las sociedades preindustriales es habitual encontrar este tipo de declaraciones. Quizá la ruptura romántica de los límites entre el arte y la vida tenga que ver con el deseo de recuperar algo de esta concepción original. Quizá los artistas sientan una nostalgia velada por una época en la que el arte, la artesanía, la magia y la ciencia eran una misma cosa.[1]

«los poemas no son imitaciones» y que el poeta trabaja «como si crease cosas nuevas fabulando a partir de la nada». En la misma época, Jacopo Mazzoni distingue entre «imitación icástica» (creación de imágenes a partir de lo que ya existe en el mundo) e «imitación fantástica» (creación de imágenes a partir de la imaginación); es exactamente lo mismo que plantea McFarland. Esta idea puede rastrearse hasta Platón, que en *El sofista* escribe que hay «dos formas de hacer imágenes»: «el arte de copiar» y el arte de lo «imaginativo o fantástico».

1. Considerados desde cierta mentalidad, una sonata o un soneto no sirven para nada; en otros contextos culturales, el arte es algo sumamente práctico, imprescindible para realizar numerosas actividades, para relacionarse con los antepasados o los espíritus, para crear identidades colectivas o fomentar confianza en los individuos, etc. Su supuesta inutilidad ha hecho que el arte quede relegado en Occidente a una posición extraña: conserva un enorme prestigio «teórico» pero, en la práctica, no ocupa una posición muy alta en el sistema de valores de la sociedad.

Schlegel, por ejemplo, escribe que hay que «hacer más viva y sociable la poesía, y más poéticas la vida y la sociedad». Esto encaja con una concepción nueva de la realidad como algo menos rígido, una concepción que afecta a prácticamente todas sus dimensiones. J. G. Fichte dice que el yo no es algo dado, fijo, sino algo dinámico que se está modificando siempre. Lo mismo piensan los románticos sobre la historia: no hay un destino escrito, sino que el destino se hace. Consideran que vivimos en un mundo de posibilidades diversas. Y no solo el futuro está abierto, sino también el pasado, que se va reinterpretando y, por lo tanto, modificando en todo momento.

Schiller dice que la cultura debería llevarnos de vuelta a la naturaleza y valora un modo de escritura en el que el poeta «se oculta detrás de su obra; él es su obra, y su obra es él». Pero aunque se plantea con mucha fuerza en el Romanticismo, el deseo de superar el límite entre el arte y la vida, como el de liberarse de las obligaciones miméticas, es muy antiguo. A mediados del siglo IV a. C., Praxíteles esculpe una de sus obras más conocidas, la *Afrodita de Cnido*. Algunos epigramas se preguntan cuándo puede haber visto el escultor a la diosa desnuda, pero es más probable que Praxíteles tomara como modelo a su amante, Friné. Robin Osborne afirma que este es un punto de inflexión en la historia del arte, ya que «el artista deja de ser alguien que hace maravillas dotado de una capacidad técnica casi milagrosa» y se convierte en otra cosa: si anteriormente los relatos sobre escultores y pintores se centraban «en su capacidad técnica o en su habilidad para imitar las formas de la vida», ahora el artista pasa a tener «una relación con su obra; la vida y la obra del artista se conectan». En el siglo siguiente es cuando aparece la historia de Pigmalión, que Ovidio retomará para convertirlo en un escultor que se enamora de una de sus obras. Osborne añade que «las estatuas y los seres humanos ahora habitan potencialmente el mismo mundo», y que esto supone «nada menos que la invención del artista».

He dado unos pocos ejemplos de pensadores y artistas occidentales que defienden que la poesía no aspira a comunicar un contenido concreto, lo cual encaja con la concepción que tenemos de la poesía desde los orígenes del pensamiento occidental: ya Platón afirma que los poetas escriben sus obras «fuera de sí» y que «es antigua la discordia entre la filosofía y la poesía»,[1] es decir, entre el pensamiento racional y el empleo de un lenguaje *otro*, extraño o aparentemente ajeno, que resulta peligroso por «el hechizo que ejerce sobre nosotros». La poesía se sale del ámbito del logos. En otras culturas encontramos planteamientos similares. Quizá este sea el único rasgo universal de la poesía: el hecho de que la transmisión de información no está en primer plano.[2] No es que un

1. Schlegel, uno de los principales representantes del pensamiento romántico, opina que «hay que unir poesía y filosofía».

2. Los nativos de las grandes llanuras de Norteamérica decoran sus vestimentas y tiendas con imágenes, pero no pueden

poema no busque la comunicación, sino que propone un tipo de comunicación distinta. Para que podamos leer un poema como poema, aceptar la tensión que un poema genera y no frustrarnos por no entenderlo racionalmente, el lenguaje poético incluye unas marcas que funcionan como un límite, que indican que estamos ante unas palabras separadas de lo cotidiano y real y que no debemos pedirles lo que les pedimos a las palabras destinadas a transmitir algo preestablecido. Estoy hablando de leer, pero lo mismo sucede cuando el poema se escucha, sea recitado para provocar una experiencia estética o como parte de una ceremonia dirigida a producir efectos en la realidad (en el plano de la salud, de la fertilidad de las mujeres o los campos, del clima, etc.). El poema que se pronuncia en voz alta suele tener unas marcas muy características, la más llamativa de las cuales es sin duda el tono –la tensión– de la voz de quien habla, que también es distinto del tono que emplea para decir otras cosas y que indica la excepcionalidad de la ocasión.[1]

---

emplear imágenes que no hayan visto antes en sueños o alucinaciones. Es decir, encuentran los materiales para hacer arte en ámbitos a los que no llega la razón y en los que no impera la voluntad; las únicas imágenes válidas son las que surgen cuando están «fuera de sí».

1. En las culturas de tradición oral, las palabras del poema fluctúan, van cambiando de una ocasión a otra. El poema escrito, en cambio, es siempre igual a sí mismo. El musicólogo Eric Charry proporciona la mejor ilustración que conozco de la oposición entre el sistema de valores que representa lo oral y el que representa la escritura. En África, un lingüista occidental le

Veamos algunas de las marcas que caracterizan la poesía fuera de Occidente, en culturas muy distintas de la nuestra.

F. W. H. Migeod afirma que en los poemas de los mende de Sierra Leona «las palabras con frecuencia sufren ligeras modificaciones de pronunciación y se acortan, y otra complicación es que es muy habitual que el cantante sea incapaz de explicar su significado». Las numerosas palabras que no significan nada se llaman «palabras-canción», un término que podríamos traducir sin demasiado problema como «poesía».

Hablando de los tikopia de Melanesia, Raymond Frith apunta que en sus cantos el lenguaje «tiene un carácter distinto del que se emplea en la conversación cotidiana, y contiene algunas palabras que los nativos consideran arcaicas». En cualquier caso, «la ausencia de un significado preciso de ciertas palabras y frases individuales no les resta valor, a ojos de los nativos. Su valor es esencialmente simbólico».

Los mapuches de Chile, según Misha Titiev, emplean «frases que son sumamente elípticas y lacónicas, con muy pocas palabras que sugieren ideas complejas».

---

dice a un nativo: «Si nos ayudas, escribiremos tus palabras, que vivirán para siempre». Y el nativo contesta: «Vosotros y vuestras palabras secas. ¿Qué me importan esas palabras? El sentido de mis palabras está en la humedad del aliento que las lleva». De un modo hermosamente análogo, Matsuo Basho explica que un poema solo existe mientras se está escribiendo; cuando su tinta se seca, no es más que un trozo de papel.

Dice Peter H. Buck que en Mangareva, una isla de la Polinesia Francesa, la poesía suele emplear «metáforas y símiles» y un lenguaje que «en ocasiones es críptico».

Richard Thurnwald cuenta que, en las islas Salomón, los poetas emplean «expresiones escogidas cuidadosamente, situaciones conmovedoras e imágenes impactantes», y añade que «al acumular estas referencias, se revela el carácter artificial de la canción, distinguiéndola del lenguaje ordinario».

Estoy mostrando algunos comentarios de diversos etnólogos que han investigado la práctica de la poesía de culturas preindustriales y han traído conceptos que se parecen maravillosamente a los de la poesía en Occidente, en la que el elemento referencial nunca es el más importante.[1] Los ejemplos son innumerables. Ernesto Cardenal escribe que «los huitotos de Colombia tienen cantos muy arcaicos, con palabras que ellos ya no usan y cuyo significado apenas conocen. [...] En las canciones de la isla de Dobu, las palabras arcaicas y las palabras modernas de lenguas extranjeras están mezcladas con gran liber-

1. Por supuesto, en el ámbito del arte ocurre lo mismo. El antropólogo Clifford Geertz dice que el arte «parece existir en un mundo propio, más allá del alcance del discurso». Franz Boas explica que entre los huicholes, un grupo étnico de México, «en algunos casos la misma sacralidad de la idea representada puede inducir al artista a oscurecer intencionadamente su significado para preservar el sentido de la obra de miradas profanas».

tad.[1] En Australia a veces un canto es adoptado por un pueblo que habla una lengua diferente y que no conoce su significado. Hay indios norteamericanos que tienen poemas compuestos en lenguas secretas. Los yumas cantan con palabras cuyos sentidos ya nadie sabe. Y a los navajos no les importa que un mismo poema tenga dos o tres sentidos diferentes. Los yamanaes de la Tierra del Fuego tienen cantos que son puramente sonidos sin ningún sentido».[2]

Hay, por lo tanto, un uso del lenguaje que cruza el límite que separa lo que podemos entender y lo que no, o que se instala gozosa y angustiadamente sobre ese límite, y que de una manera indirecta remite a lo que no se entiende: el paso del tiempo, la identidad, el amor, la muerte.

Dan ganas de concluir que si la poesía no se entiende es, al menos en alguna medida, porque el tema de la poesía es *siempre* lo que no se entiende, más allá de los temas concretos o circunstanciales que puedan

1. La frase podría caracterizar los *Cantos* de Ezra Pound o *La tierra baldía* de T.S. Eliot. Mijaíl Bajtín habla de «heteroglosia» para referirse a este empleo de distintos tipos de expresiones en las obras literarias, a la convergencia de distintas variedades lingüísticas en un texto.

2. La frase parece referirse a las aspiraciones de los futuristas rusos e italianos, de los dadaístas y especialmente de Kurt Schwitters, cuya *Ursonate* [Sonata primigenia] es un poema sonoro o fonético que emplea, siguiendo un criterio musical, «palabras» inventadas por él, «sonidos sin ningún sentido».

aparecer más o menos explícitamente en las obras. La poesía y el arte no surgen del espacio del que surgen otros discursos que buscan entender; surgen del espacio donde está lo que no se entiende.

Cuando digo «no se entiende», debería decir que no se entiende *del todo.*

La vida, desde luego, nunca se entiende del todo. Diría que la vida no tiene sentido, o tiene el sentido que le demos o estemos en disposición de recibir. El sentido de la vida consiste en encontrarle –asignarle– sentido a la vida. En un poema pasa algo similar: no es que no importe el sentido; el sentido importa tanto que se buscan distintos medios para ampliarlo, para multiplicarlo, para permitirle que sea fluctuante y contradictorio, para liberarlo de los prejuicios e intenciones de lectores y autores, para fomentar su existencia y su circulación incluso fuera del lenguaje.

W. E. B. DuBois, uno de los primeros defensores de los derechos de los afroamericanos, escribe en 1903 sobre una canción procedente de África que le cantaba su bisabuela cuando era pequeño y cuya letra decía:

> Do bana coba, gene me, gene me.
> Do bana coba, gene me, gene me.
> en d'nuli, nuli, nuli, nuli, ben d'le.

DuBois habla de un pasado remoto en el que alguien «se la cantó a sus hijos, y ellos a los hijos de sus hijos, y así durante doscientos años ha viajado hasta llegar a nosotros, y nosotros se la cantamos a nuestros hijos. Como nuestros padres, no entendemos lo que significan sus palabras, pero entendemos muy bien el significado de su música».

¿Cuál será, para DuBois, ese significado? Quizá la música de esas palabras signifique «te quiero y te cuido»; quizá signifique «tienes un linaje que te quiere y te cuida»; quizá signifique «tienes un linaje que querer y cuidar». Tal vez no signifique lo mismo para todo el linaje, pero seguramente para todos sus miembros tenga un significado importante y en todos produzca unos efectos más o menos similares.

En 1558, Gioseffo Zarlino habla de un momento prístino en el que «el músico no estaba separado del poeta, ni el poeta del músico». Es probable que, en el momento de su nacimiento, la poesía y la música fueran siempre unidas. Cuando se pronunciaban las palabras especiales que constituían los poemas, se pronunciaban cantando, para realzar su carácter especial y separarlas de las demás palabras, de las palabras que tenían otra función y otros efectos. Con el tiempo, la poesía y la música se han ido distanciando, pero quedan, en ambas, huellas de ese contacto original con la otra. En la música, también en la instrumental, queda, por ejemplo, la regularidad de las frases, que procede de las estructuras estróficas. En la poesía queda el interés por la dimensión sonora de las palabras, pero sobre todo la capacidad de producir efectos al margen de su significado.

El lenguaje poético, como se ve, no es estable ni transmite un contenido fijo. No es unívoco. En realidad, el lenguaje comunicativo, el que empleamos con distintos fines en la vida cotidiana, tampoco es estable ni unívoco, pero implica un esfuerzo por lograr la univocidad. Es como si todo el tiempo estuviera indicando: «Esto es lo que quiero decir». Lucha contra la apertura del sentido; ese es su trabajo. Emplea todos los medios que tiene a su alcance –la elección del vocabulario, el tono, el contexto, los gestos de la cara o del cuerpo– para aislar uno de los diversos significados posibles de cada palabra y cada frase, para limitarlas de modo que signifiquen una única cosa. Además, el lenguaje de la vida cotidiana tiene efectos más o menos predecibles. El uso poético del lenguaje, en cambio, es una celebración de la inestabilidad: la reivindica y busca ampliarla, trata de generar una especie de movimiento en el interior de las palabras para potenciar la ambigüedad, la coexistencia de múltiples sentidos. Otra manera de intentar crear este movimiento es por medio de la contradicción, que hace que la mente del lector dude, vaya de un lado a otro, no se detenga nunca.

Robert Creeley habla de «el poema supremo, dirigido al / vacío». Ese poema supremo, el ideal de poema –que no aspira al intercambio comunicativo–, es como si todo el tiempo estuviera diciendo: «Esto no es lo que quiero decir»; como si cambiara de idea, de dirección, de sabor, de textura a cada momento.

Decir que hay algo que no se entiende del todo es como decir que hay algo que no cabe en la comprensión, algo inabarcable, desmesurado, excesivo. Por eso en este trabajo van a aparecer una y otra vez lo eterno, lo infinito, lo que no tiene límites o se sale de sus límites.

La poesía funciona precisamente como un desbordamiento del lenguaje, como una salida de sus límites. La supuesta precisión del lenguaje comunicativo, su exactitud, lo hace apto para relaciones en las que lo que prima es el intercambio, sea económico, afectivo, de ideas o de cualquier otro tipo,[1] y funciona siguiendo criterios racionales. La palabra «racional», que procede del término latino *ratio,* tiene que ver con pensar, pero también con hacer cuentas y calcular; con establecer relaciones entre números. Este término alude originalmente a la medida: a lo que puede medirse, pero también a lo mesurado, es decir, a lo contenido o moderado; todavía hoy conserva estas resonancias.[2] El lenguaje poético, en cam-

1. Mallarmé dice que «hablar solo tiene que ver con la realidad de las cosas desde un punto de vista comercial».

2. Hay otros términos que conectan etimológicamente los campos semánticos del logos (el pensamiento, el lenguaje) y el intercambio económico: un bonito ejemplo es la palabra griega *nomizein*, que alude a lo sancionado por medio de la costumbre o de la ley, y en algunos contextos se puede traducir como «acuñar», es decir, volver «legal» una expresión o una moneda, darle un valor que es el que es y no otro.

bio, parece rechazar una aproximación racional, y su carácter excesivo (lo que hace es lo contrario de «racionar»)[1] lo vuelve apto para actividades trascendentes, o al menos que se salen de la normalidad o de la norma; para tratar de acercarnos a lo desconocido, como dice Charles Baudelaire («Cómo me gustarías, noche, sin tus estrellas / cuyas luces nos hablan un idioma sabido. / Yo busco lo vacío, lo negro, lo desnudo»); para visitar, como dice Friedrich Hölderlin, «tierras extrañas».[2] Se trata de un uso del lenguaje que deja de parecerse al comercio y empieza a parecerse a la magia. En este sentido, necesita alimentarse de una lectura activa, del deseo del lector, ya que, como dice Simone Weil, «el deseo de luz produce luz».

En consonancia con las tierras extrañas de Hölderlin, Mark Rothko y Alfred Gottlieb escriben en un manifiesto de 1943 que «el arte es una aventura en un mundo desconocido» y que «este mundo de la imaginación carece de ataduras y se opone violentamente al sentido común». Incluso Sócrates, que representa el paso del pensamiento mítico al pensamiento racional, soñaba con una aparición que le sugería: «Só-

1. Georges Bataille dice que la poesía «puede considerarse sinónimo del gasto».

2. «Somos un signo carente de significado, / somos carentes de dolor, y casi hemos / perdido el lenguaje en tierras extrañas», escribe Hölderlin.

crates, cultiva la música». Dice Nietzsche que eso implica que «hay un reino de sabiduría del cual está desterrado el lógico». Está hablando del ámbito del arte.

Al apartarse del lenguaje de la vida cotidiana, el poema establece un límite con esta: pertenece a otro orden, está más allá o más acá de alguna difusa frontera. Las palabras, en un poema, se sitúan en otro plano, separadas de lo real.[1] He hablado ya del desbordamiento del sentido y de la entrada en ese «reino de sabiduría» inaccesible para la lógica racional. Ahora me gustaría investigar un poco cómo se produce otro tipo de desbordamiento, cómo se busca otra forma de trascender los límites. Pienso en obras que reflejan un desbordamiento por parte de la realidad, momentos en que la realidad entra en el texto.

¿Qué relación tiene un poema con la realidad? El lenguaje poético, como ya he dicho, suele tener una

1. En este trabajo partiré de la común idea de que lo real es el espacio de los hechos y los datos, un espacio del que quedan fuera los deseos, las fantasías, los recuerdos y los sueños, entre otras cosas. «Que tiene existencia objetiva»: así lo define el diccionario. Nietzsche, por su parte, dice: «No hay hechos, solo interpretaciones». Personalmente, creo que el espacio de los deseos, las fantasías, los recuerdos y los sueños es tan real como el de los planetas y los árboles. En cualquier caso, uno de los ejes de este libro es mostrar lo poroso que es el límite entre esos dos espacios.

marca que lo saca de la vida cotidiana. En distintas culturas y en distintos momentos históricos, esa marca es distinta. En la tradición de la poesía occidental, la rima, la métrica, la densidad de las figuras retóricas o la escandalosa falta de referencialidad son marcas que nos indican que hay que hacer algo distinto con ese lenguaje «críptico», «artificial», «elíptico» y «lacónico», que hay que abordarlo desde otro lugar. Pero también nos llevan a asumir que ese lenguaje está en otro lugar, separado del lenguaje comprensible y «natural» en el que nos parece que vivimos.

La discontinuidad que hay entre esos dos modos de lenguaje, entre un mundo regulado y un mundo donde todo es posible, es tranquilizadora. La posibilidad de que haya una continuidad entre ambos mundos, en cambio, perturba, desordena, amenaza con volverlo todo caótico y abolir las jerarquías. Lo que quiero hacer aquí es ver algunas maneras en que se muestra la continuidad de lo supuestamente discontinuo: maneras de hacer explícita la relación, dinámica y conflictiva, entre el poema y lo real.

En una obra de arte figurativa, lo representado –sería mejor hablar de lo presentado– es un fragmento de la realidad. Más allá del marco, la realidad continúa: el campo, el mar o la habitación que aparecen en un cuadro no terminan donde termina el cuadro. En una obra abstracta, en cambio, lo representado es una totalidad: lo que vemos en un lienzo de Kandinski o de Rothko no continúa en el plano de la realidad. Hay una separación tajante entre ambos planos.[1]

La poesía, en cierto modo, siempre se ha parecido a esta concepción abstracta de la pintura, incluso cuando funciona miméticamente y propone un tipo de comunicación que parece semejante a la comunicación racional. Se me ocurre, por seguir investigando una analogía que sin duda también tiene sus límites, que en la narrativa hay un marco temporal que funciona de una manera similar a la del marco espacial de un cuadro figurativo: sabemos que algo sucedió antes de que empezara el relato, sabemos que algo sucederá después de que concluya, y eso que podemos imaginar con mayor o menor detalle es parte esencial de la lectura. La novela, el cuento y la película son un fragmento de una realidad que la obra nos incita a imaginar, y trabajan intensamente con la temporalidad, con lo que va sucediendo, con esa diferencia entre antes y después. En la poesía, en cambio, no hay un marco temporal que dialogue con el tiempo real. Los poemas «figurativos» de Shakespeare o de Quevedo son totalidades, no nos piden que imaginemos el contexto en que se pronuncian las palabras que los forman, no nos estimulan a que imaginemos con qué palabras se les podría contestar. Los poemas, me parece, son atemporales: las

1. De hecho, la palabra «abstracción» significa etimológicamente «separación», y alude a sacar algo del plano de lo real y llevarlo al de las ideas.

palabras que los forman están, en este sentido, fuera del tiempo.[1]

«Y fueron felices / y comieron perdices», terminan diciendo ciertos relatos populares. «Y colorín colorado, / este cuento se ha acabado». Estas fórmulas no solo nos indican que la llegada de la felicidad supone el fin del relato –o del deseo de relatar, que quizá no sea algo tan distinto–; sobre todo, imponen un límite, y lo imponen contundentemente, por medio de la rima, es decir, de una marca convencional del lenguaje poético. Su contenido es casi insignificante. Se trata de fórmulas absurdas, pura forma. Esas *palabras mágicas* acallan el deseo del oyente de saber más, desactivan su deseo de preguntar o de preguntarse qué más pasó.[2] Son un recurso «poético» que señala que no hay nada más allá del marco.

UN TREN PUEDE OCULTAR OTRO
(letrero en un cruce de vías en Kenia)

En un poema, un verso puede ocultar otro verso,
igual que en un cruce un tren puede ocultar otro
tren.
Así que si estás esperando para cruzar

1. Por supuesto, también tienen una intensa relación con su tiempo: representan, sean figurativos o abstractos, un tiempo en el que los poemas son así, por decirlo de algún modo.

2. Lo mismo ocurre con «abracadabra, / pata de cabra»: pura forma.

las vías, espera un momento antes de hacerlo
hasta que haya pasado el primer tren. Y también
cuando leas,
espera hasta haber leído el siguiente verso;
entonces es seguro seguir leyendo.
En una familia una hermana puede tapar a otra,
así que cuando vayas a cortejar, es mejor tenerlas a
todas presentes
para no descubrir que amas a otra.
Un padre o un hermano pueden ocultar al hombre,
si eres una mujer, a quien has estado esperando
amar.
Siempre delante de algo hay otra cosa,
igual que hay palabras delante de los objetos, los
sentimientos y las ideas.
Un deseo puede ocultar otro. Y la reputación de
una persona puede ocultar
la reputación de otra. Un perro puede tapar a otro
en un jardín, así que si te escapas del primero no
estás necesariamente a salvo;
una lila puede ocultar otra y después un montón
de lilas y en la Appia Antica una tumba
puede ocultar unas cuantas tumbas más. En el
amor, un reproche puede ocultar otro,
una pequeña queja puede ocultar una grande.
Una injusticia puede ocultar otra; un colonialismo
puede ocultar otro,
y un uniforme rojo y brillante otro, y otro, toda
una fila. Un baño puede ocultar otro baño,
como cuando, después de bañarse, uno sale a la
lluvia.

Una idea puede ocultar otra: La vida es sencilla
puede ocultar La vida es increíblemente
compleja, igual que en la prosa de Gertrude Stein
una frase oculta otra y es otra al mismo tiempo.
Y en el laboratorio
un invento puede ocultar otro invento,
un atardecer puede ocultar otro, y una sombra, un nido de sombras.
Una roja oscura, o una azul, o una violeta; esto es un cuadro
de alguien posterior a Matisse. Uno espera junto a las vías hasta que pasan,
estos dobles o, a veces, estos parecidos ocultos. Un gemelo idéntico
puede ocultar al otro. ¡E incluso ahí puede haber más! El obstetra
observa el valle del Var. Vivíamos allí, mi mujer y yo, pero
una vida ocultaba otra vida. Y ahora ella se ha ido y yo estoy aquí.
Una madre vivaz oculta a una hija torpe. La hija oculta
a su propia hija vivaz, a su vez. Están en
una estación de tren y la hija tiene una maleta
más grande que la de su madre y la oculta muy bien.
Al ofrecerse a llevar la maleta de la hija uno se encuentra ante la de la madre
y tiene que llevarla también. Del mismo modo un autoestopista

puede ocultar deliberadamente a otro y una taza
de café
también otra, hasta que uno está demasiado
excitado. Un amor puede ocultar otro amor
o el mismo amor,
como cuando «Te quiero» de repente suena falso
y uno descubre
al amor mejor que sigue detrás, como cuando
«Estoy lleno de dudas»
oculta «Estoy seguro de una cosa y es esto»,
y como se sabe un sueño siempre puede ocultar
otro, también. En el jardín del Edén
Adán y Eva pueden ocultar a los verdaderos
Adán y Eva.
Jerusalén puede ocultar la verdadera Jerusalén.
Cuando te encuentres con algo, detente y deja
que pase
para poder ver qué más hay ahí. En casa, no
importa dónde,
las vías internas también presentan peligros: un
recuerdo
sin duda oculta otro, en eso consiste
la memoria,
la eterna sucesión invertida de las entidades
contempladas. Al leer *Viaje sentimental* busca
a tu alrededor,
cuando lo hayas terminado, a *Tristram Shandy*,
a ver
si está ahí, debería estar, más poderoso
y profundo y hasta ese momento oculto como
Santa Maria Maggiore

puede quedar oculta por otras iglesias similares
de Roma. Una acera
puede ocultar otra, como cuando estás ahí
dormido, y
una canción ocultar otra canción; unos golpes
en el piso de arriba
pueden ocultar el sonido de unos tambores.
Un amigo puede ocultar a otro, te sientas
debajo de un árbol
con uno y cuando te levantas para irte hay otro
con quien hubieras preferido estar hablando
durante todo el rato. Un profesor,
un médico, un éxtasis, una enfermedad,
una mujer, un hombre
pueden ocultar a otro. Párate y deja que pase
el primero.
Piensas: Ahora es seguro cruzar y te arrolla
el siguiente. Puede ser importante
esperar al menos un momento para ver qué
más había ahí.[1]

Quiero llamar la atención, en primer lugar, sobre esa frase que hay entre paréntesis antes de que empiece el poema y que nos informa de que su título proviene de un letrero que el autor vio en un cruce de vías. Es una frase que, a diferencia de lo que vendrá a continuación, procede del mundo real. Pero ¿realmente está antes de que empiece el poema o el poe-

1. Las traducciones de los poemas son mías salvo donde se indica lo contrario.

ma ha empezado ya cuando la leemos? Diría que esa frase se coloca exactamente sobre el límite entre el poema y lo real, sobre el marco del poema,[1] y que al hacerlo señala ese límite, nos permite tomar conciencia de él, y al mismo tiempo lo disuelve.

Este poema de Kenneth Koch señala que hay algo detrás de cada cosa, que hay algo detrás de las palabras, que no solemos entender nada a la primera. En cierto sentido, defiende una actitud conservadora, de cautela y espera: el tiempo proporciona seguridad, pero en el puro presente podemos ser arrollados. En otro sentido, muestra que nuestra interacción con la realidad es compleja y que, si no tenemos en cuenta esa complejidad, nos salimos, de algún modo, de la vida. El mundo está lleno de cosas que podrían comunicarnos algo si supiéramos entenderlas como signos.

Volvamos a esa pregunta tantas veces repetida: ¿la poesía es un medio adecuado para comunicarse? Si «su esencia es el milagro musical» y el propio autor es «incapaz de explicar su significado», parece que de-

1. En este trabajo consideraré en algunos momentos que el marco es la pieza que rodea el cuadro, pero usaré el término sobre todo para referirme a todo lo que intenta que la obra no se desborde: el marco puede adornar el lienzo, puede ayudar a promocionarlo (Edgar Degas dijo que «el marco es el proxeneta del cuadro»), pero sobre todo es una jaula; dicho de otro modo, el marco (exista realmente o no) es lo que separa el cuadro –o el poema– de lo real.

beríamos contestar que no, pero si esperamos un momento a que pase esa idea, podemos darnos cuenta de que poetas y lectores nos comunicamos intensamente a través de la poesía. Lo que pasa es que hay distintas clases de comunicación; también nos comunicamos por medio de miradas, caricias, silencios, golpes o gestos. La poesía genera un tipo de comunicación peculiar, porque, aunque emplea palabras, estas no funcionan exactamente como palabras, como ya dije. Es una comunicación que se parece más a la de las miradas o a la de la música. Bobby McFerrin se refiere a este tipo de comunicación de un modo muy elocuente y conciso: «Siempre me ha parecido que cantar una canción sin palabras hace que la canción sea mil canciones, porque la gente que la escucha puede introducir en ella sus propias historias». Este es, desde mi punto de vista, el reto de la poesía: conseguir que el poema sea mil poemas; que los lectores puedan introducir en él sus propias historias; que, aunque sus palabras estén quietas, haya en él algo que se mueve.

Esta idea de la comunicación puede también expresarse de este modo: ¿se dirige el arte hacia el exterior o hacia el interior? ¿Se trata de expresarse, de hacerse entender, de entrar en contacto con los demás, o de explorarse, de conocerse, de entrar en contacto con uno mismo? ¿No es posible que se trate en unos casos de una cosa y en otros de otra? ¿O incluso que se trate al mismo tiempo de una cosa y la otra, en distintas dimensiones de la obra? Al fin y al cabo, el autoconocimiento depende en gran medida de la comunicación que establecemos con los demás.[1] Y por último: ¿el encuentro con uno mismo no se vive también como un encuentro con lo absoluto, como algo que trasciende el yo e implica una identificación con lo desconocido?[2] Del mismo modo, el tiempo presente, entendido de un modo radical, no es la negación del pasado y el futuro, sino la integración del pasado y el futuro en un único instante. Ese instante es un presente arrollador.

En «Un tren puede ocultar otro» vemos, diría, el proceso de escritura. A diferencia de lo que ocurre en otros poemas, en los que nos encontramos con un producto pensado, aquí podemos ver al autor pensando. Por supuesto, eso está relacionado con cierta sensación de arbitrariedad que también transmite el texto: hay algo azaroso en la manera en que se relacionan aquí las ideas, y parece que el poema podría ser mucho más corto o extenderse infinitamente.

Todo esto me lleva a pensar en Jackson Pollock, un pintor que, entre muchas otras cosas, plantea la

1. Fichte, por ejemplo, plantea que un ser racional solo puede alcanzar la plena conciencia de sí mismo a través de la relación con otro sujeto.

2. Novalis escribe que «el camino misterioso va hacia dentro» y, en consonancia con algunas ideas que aparecerán a continuación, que «el poeta invoca el azar».

cuestión de cómo retener una acción en el tiempo. Al observar sus cuadros, observamos al mismo tiempo el resultado de su trabajo y su proceso de trabajo; el acto de pintar está contenido en el producto, que es, en esta dimensión, una huella explícita –pinceladas, gotas– de una actividad pasada. En alguna medida, al igual que un poema no está inserto en el tiempo, sino fuera de él, ciertas obras de Pollock parecen no terminarse nunca, estar siempre en proceso de gestación. Un cuadro puede ocultar otro. Un momento puede ocultar –y mostrar– otro.

Mencioné al principio una frase de Barthes en la que se sugiere que hay un goce en el acto de escribir que tiene que ver con los movimientos de la mano y es totalmente independiente del contenido de lo que se escribe. Barthes llama a esa actividad «scripción» y comenta que «el gesto del artista y el del escriptor son un mismo gesto». El artista, para él, es quien goza con el pincel más que con la representación

«Puede prescindirse», escribe Harold Rosenberg en 1952, «del color, la forma, la composición, el dibujo. Lo que importa siempre es la revelación contenida en el acto.» Para este autor, el lienzo comienza a funcionar «como un escenario en el que actuar». También dice que, en el paso de la figuración a la abstracción, «las manzanas no se retiraron de la mesa para hacer sitio a unas relaciones perfectas de espacio y de color. Tuvieron que marcharse para que nada interfiriera con el acto de pintar». Y añade, hablando de lo que él llamaba *action painting* –pintura de acción– y que acabaría conociéndose como expresionismo abstracto, que «la nueva pintura ha eliminado toda distinción entre el arte y la vida» y que «todo es relevante para ella».

«A ti te interesa el maldito sustrato, pero lo que yo busco es el producto terminado», le dice en una carta Ezra Pound a William Carlos Williams. En efecto, Williams considera que el poema es un «campo de acción» y rechaza, por ejemplo, el soneto, por ser «una forma que no admite el menor cambio estructural». Por eso afirma también que «todos los sonetos significan lo mismo».

Este interés por mostrar el proceso al mismo tiempo que el producto, que implica cierto desinterés por el «producto terminado», da lugar al arte procesual y se manifiesta mejor que en ninguna obra que yo conozca en *Caja con el sonido de su propia fabricación*, una pieza de Robert Morris de 1961 que consiste en una caja de madera de la que salen los sonidos grabados durante su construcción. El pasado –los ruidos del serrucho, el martillo y la lija– se incorpora de una manera muy concreta al presente del objeto. Un objeto puede contener –y mostrar– un acto.

Veamos cómo se concretan estas ideas en un poema de Lee Harwood publicado en 1968:

EL POEMA TARDÍO

Hoy me entusiasmé mucho leyendo unos
poemas de Mallarmé y Edwin Denby, y luego,
por la noche, de F. T. Prince.
No suelo «entusiasmarme mucho»,
pero hoy ha sido una excepción;
y aún me «entusiasmé» más
cuando me di cuenta de que dos de ellos –Denby
y Prince– siguen vivos y probablemente
ahora estén en sus bonitas casas, dormidos en sus
camas.

Ted Berrigan ha conocido a Edwin Denby.
No conozco a nadie que haya conocido a F. T.
Prince.
Me gustaría conocer a F. T. Prince;
tal vez pueda conocerlo algún día, pero debería ser
pronto,
porque ya debe estar mayor.

Este poema es bastante tonto,
pero tiene que haber un lugar para la tontería
incluso hoy, que ha llovido
y ha hecho mucho frío para ser julio.
Ha sido un día bastante tonto,
en realidad, una mierda de día.

¿De verdad crees que vale la pena enfadarse
aunque

Este poema no tiene marco, o su marco está roto. Pero tiene, como los lienzos de Pollock o la caja de Morris, las marcas del proceso de su creación: quien escribe ahí se entusiasma, y luego se entusiasma más; se corrige, asistimos al devenir de sus ideas y emociones: «pero debería ser pronto», dice, y «en realidad, una mierda de día», como si dijera «pensándolo bien» o «aceptémoslo». Esta venerable figura retórica, que se llama *correctio* y consiste en interrumpir brevemente el propio discurso para modificarlo, genera la sensación de que quien habla está pensando sobre la marcha, de que el discurso está vivo, moviéndose, en vez de ser algo prefijado y rígido.

Arnold Schönberg afirma que, para un compositor, lo más importante es una goma de borrar. Se trata de un comentario muy revelador, que, sobre todo, habla de la improvisación: una actividad en la que no existe la posibilidad de volver atrás. En la composición no existe la *correctio*; si se considera que algo no funciona, se borra. En la improvisación, en cambio, se puede corregir, pero no borrar; el producto *es* el proceso.[1] El tiempo de su creación ha entrado en la obra y se muestra en primer plano.

«Antes de empezar a tocar no tenemos ni idea de cuál será el resultado final. Cada instrumentista es libre

1. En la improvisación musical, una forma habitual de corregir un error es repetirlo, es decir, incorporar al discurso la nota o el sonido indeseado. El producto es el proceso y asume las contingencias del proceso.

de aportar a la música lo que le parezca en cualquier momento. No empezamos con una noción preconcebida», escribe Ornette Coleman en 1959. En la misma línea, Merce Cunningham dice en 1968 que lo que él propone bailar sobre el escenario «no está sujeto a una idea preestablecida sobre cómo debería ir más de lo que lo está una conversación que uno tiene con un amigo». ¿Puede la poesía, siendo algo escrito y obra de una sola persona, aspirar a algo similar? Tal vez sí, a pesar de que las palabras estén quietas, pero necesita captar el movimiento del espíritu al producirlas y de la mano al escribirlas: el impulso creador. Tal vez sí, a pesar de que no surjan en un diálogo en el sentido estricto, pero necesita que el lector participe en la conversación. Ha de lograr estas dos cosas para superar esas dos dificultades.

«Cuando logras fingir que eres espontáneo, ya puedes hacer cualquier cosa», suele decirse en el mundo del teatro. Esta frase muestra la dificultad –o la imposibilidad– de ser espontáneo en determinados contextos, como un escenario o, tal vez, un poema.

En cierto modo, el de Harwood es un poema espontáneo, pero al mismo tiempo su pretensión de autenticidad le da un toque falso. Nos imaginamos el tiempo que pasa desde que el poema se escribe hasta que se publica, las fases de corrección, el empleo de la goma, y es como si el autor nos quisiera hacer creer que ahí no hay artificio. Aunque no lo haya corregido, hay una no-corrección voluntaria y activa que se percibe como artificio: la mera posibilidad de usar la goma ya lo vuelve «composición». Percibimos el poema como un simulacro de espontaneidad, como un deseo un tanto ingenuo de conservar el momento de su creación, como un intento de representar (¡por fin!) lo real. Tal vez por eso se diga que «es bastante tonto», y no por su tema aparentemente trivial.[1] Una frase, como sabemos, puede ocultar otra.

De un modo similar, el jardín inglés –más salvaje– es un simulacro, una representación de la naturaleza, una idealización, mientras que el jardín francés –más cuidado– implica un marco que separa la naturaleza de las creaciones humanas. Quizá sea también «bastante tonto» preguntarse cuál de los dos es más auténtico, pero creo que vale la pena apuntar que, aunque a primera vista el jardín inglés resulte más natural, también se puede pensar que el jardín francés, por mostrar su artificialidad, es más honesto. La misma idea puede trasladarse a la cuestión del marco y su relación con el contenido del cuadro. A veces la escena representada se organiza de forma tal que parece que depende del marco, que surge de él, o este de ella, que su relación es necesaria; en otros casos, el marco y el contenido parecen independientes, y la acción o los personajes parecen cortados o captados en pleno movimiento, de modo que sentimos que su relación es contingente.[2] El pri-

1. Me corrijo: creo que el tema no tiene nada de trivial, y que la apariencia de trivialidad procede del tono.

2. La inadecuación del marco y el contenido, que es lo que encontramos en el poema de Harwood, habla de lo contin-

mer enfoque pone de relieve el carácter artificial de la pintura; el segundo es, como el jardín inglés, un intento de aparentar naturalidad.

En un escenario, volviendo al teatro, hay una energía especial:[1] si hay escenario, focos y público, pase lo que pase allí va a ser percibido como teatral; y si se afirma que lo que pasa es real, como un simulacro de la realidad. Dicho de otro modo: lo auténtico no pretende serlo (quizá ni sabe que lo es), lo espontáneo no se ve a sí mismo como espontáneo, ya que la conciencia de la propia espontaneidad reduce el carácter espontáneo de cualquier acto. Lo real es demasiado arrollador. Lo real no se detiene a mirarse ni espera «para ver qué más había ahí».

Son muchos los dramaturgos que, tras constatar la imposibilidad de que las obras sean naturales, buscan cierta honestidad mostrando el artificio. Es una vieja tradición teatral, desde luego, que en el siglo XX se revitaliza. En *Seis personajes en busca de autor*, una pieza de Luigi Pirandello estrenada en 1921, se borra

---

gente, un concepto que ya ha aparecido y volverá a aparecer en estas páginas y que se opone a cierta idea convencional del arte según la cual en una obra todo es como tiene que ser y no es posible modificar nada.

1. Se trata de una energía proporcionada por el marco: el escenario es un espacio simbólicamente situado al margen de lo real, donde pueden pasar cosas que fuera de él serían impensables y donde los espectadores –las personas «reales»– no pueden entrar.

el límite entre el escenario y el mundo real: durante el ensayo de una obra de teatro aparecen unos personajes procedentes de una obra inconclusa del autor e interactúan con los «actores».[1] Bertolt Brecht, en esa misma época, rompe la cuarta pared –el límite imaginario que separa el escenario del público– y hace que los actores interactúen con los espectadores.[2] Es decir, la ruptura que en la obra de Pirandello sucedía exclusivamente sobre el escenario, en las de Brecht ocurre en el teatro, y afecta no solo a lo supuestamente real, sino también a lo verdaderamente real.

Como ya he dicho, la idea no es nueva. En 1797,

1. Me refiero, por supuesto, a los actores que hacen de actores. Dudo si poner esas comillas ahí. Las comillas, en uno de sus usos, también son un marco: sirven para distinguir las palabras que están siendo contempladas, quietas, fuera de su hábitat, de las palabras que están actuando con naturalidad (o sea, diferencian las palabras que están en un escenario de las que están fuera de él). La distinción entre estas dos maneras en que empleamos las palabras fue planteada por Gottlob Frege, que las llama «mención» y «uso». En nuestro caso, si unos actores hacen de carniceros, podemos referirnos a ellos como «carniceros», pero si hacen de actores, resulta extraño hablar de «actores». Esta extrañeza, tan estimulante, es lo que se explora aquí: es la misma que encontramos, en relación con la posibilidad de ser espontáneos, cuando nos miramos desde fuera. Algunas de las obras que iremos viendo, como los poemas de Koch y Harwood, proponen superar el límite entre dentro y fuera; intentan estar en ambos lugares a la vez.

2. En *Tambores en la noche,* estrenada en 1922, se dice: «Todo esto es puro teatro. Unas cuantas tablas y una luna de papel. Lo único que es real es el matadero que hay detrás».

en el prólogo a su pieza teatral *El gato con botas*, Ludwig Tieck escribe que «la escena se desarrolla en la platea»; la primera acotación de esta obra dice: «El teatro está lleno, la gente habla en voz alta, algunos siguen entrando»; los espectadores son personajes de la obra, y está escrito lo que deben hacer; y, en cierto momento, el autor de la obra sale al escenario y la presenta. Un año después, en *El mundo al revés*, Tieck insiste en señalar el carácter ficticio de lo real y el carácter real de lo ficticio: antes de la primera escena, leemos: «Se levanta el telón. El teatro representa un teatro».

En 1758, Jean-Jacques Rousseau –que en muchos sentidos anticipa el Romanticismo– critica que en los espectáculos teatrales los espectadores tengan que permanecer «inmóviles y en silencio» y propone: «Haced que los propios espectadores sean el espectáculo; convertidlos en actores». Algo más de un siglo después, en esa misma línea, Pierre-Auguste Renoir afirma: «Para mí, el espectáculo también está en la sala. El público es igual de importante que los actores».[1]

1. Renoir deplora que, tras las reformas introducidas por Richard Wagner en la ópera, como bajar la luz en el auditorio, uno «se ve obligado a mirar hacia el único punto iluminado, el escenario», y califica esta costumbre de «tiranía». Wagner quiere convertir la ópera en una experiencia casi religiosa, desvinculada de la vida cotidiana. Por eso también sitúa la orquesta en lo que califica de «abismo místico»: un foso situado entre el escenario y el público, donde queda fuera de la vista de este. Wagner se da cuenta de que, si el público puede ver a los instrumentistas, la música de algún modo se integra en el mismo plano de realidad de quienes la escuchan. Sus innovaciones, en

En la comedia griega hay un momento de la obra, la parábasis, en que los actores abandonan el escenario y los miembros del coro se dirigen al público, en muchos casos hablando en nombre del autor. Es decir, el coro deja de fingir que no ve al público y el público abandona su papel pasivo. Esto tiene varias consecuencias. En primer lugar, se rompe el pacto de ficción, es decir, se revela el carácter ficticio del arte y se muestra que –como ocurre en «El poema tardío»– el arte es algo que puede ser interrumpido por la realidad. Pero también ocurre que lo ficticio –como ha señalado Georgia Albert– irrumpe en el espacio de los espectadores, transformándolos en actores, en personajes de la obra. Se trata de una interrupción durante la cual los límites entre ficción y realidad se vuelven borrosos, algo se desordena y se genera cierta tensión. En segundo lugar, dejan de hablar los protagonistas, se interrumpen sus padecimientos y emociones y se da voz a unos comentaristas más neutros: es decir, se rebaja el nivel de subjetividad. Por último, se rompe el ritmo, el fluir del discurso o los discursos previos, y se entra en una especie de tiempo fuera del tiempo, como ya comenté que sucede en los poemas.

No es casual que los expresionistas abstractos suelan prescindir del marco. Esto, en mi lectura, es

---

cambio, hacen que la música parezca proceder de un mundo imaginario, del plano de realidad de lo que sucede en escena; son una sacralización del arte, un refuerzo de su límite con la vida, un impulso contrario al que estoy explorando aquí.

una forma de declarar su deseo de que la obra no tenga límites. La pintura, por decirlo así, desborda el lienzo. Sin embargo, estos pintores no siempre aplican esta estrategia a la composición de sus obras.

En la mayoría de los cuadros importantes de Pollock parece que los bordes han sido impuestos con violencia, interrumpiendo la «realidad» del lienzo, su ritmo, sus motivos. Pero en otros, como *Ritmo de otoño* o *One: Number 31*, se ve claramente que la actividad se va apagando al acercarse a los cuatro límites del lienzo, pese a que el discurso oficial sobre este pintor sostenga que «toda la superficie de sus cuadros está animada por igual». El marco –o la ausencia de marco, que es una presencia fantasmal y activa– a veces nos limita y a veces nos protege, como ya comenté. Hay algo *natural* en estas obras de Pollock, en esta dosificación de la energía; también en el otoño los árboles se liberan de sus hojas para ahorrar energía.

En relación con esta idea de lo natural, Piet Mondrian dice que no quiere crear «formas y colores particulares con todas sus limitaciones», sino «abolirlos en el interés de una unidad mayor»;[1] y, cuando explica el proceso por el que va excluyendo las líneas curvas de sus obras, dice que estaba «impresionado por la inmensidad de la naturaleza» y que «trataba de expresar su expansión, calma y unidad».

Las retículas características de este pintor –o la

1. Las hojas no se retiran del árbol para hacer sitio a unas relaciones perfectas de espacio y de color, diría parafraseando a Rosenberg, sino en el interés de una unidad mayor.

larga tradición de retículas que se extiende a lo largo de todo el siglo XX– también plantean intensamente la cuestión del marco. Está claro, como ya dije, que un paisaje o una naturaleza muerta «continúan», en la realidad, más allá del marco; los cuadros que los representan funcionan como un fragmento de lo real. También está claro que una obra abstracta –el *Cuadrado negro* de Malévich, por ejemplo– termina donde empieza el marco; funciona como una totalidad. Pero las retículas de Mondrian o de Agnes Martin ¿son una totalidad o son un fragmento de algo mayor? ¿Han sido cortadas por el límite de la obra o realmente terminan ahí? Podemos y deberíamos pensar las dos cosas. La retícula, por cierto, además de tener un marco muy rígido, *es* un marco muy rígido: es una barrera contra la interpretación, contra lo narrativo, contra nuestra tendencia a asignarle a todo un significado; en resumen, contra el lenguaje.[1] Y existir al margen del lenguaje es existir al margen de lo real.

1. Rosalind Krauss escribe que la retícula «ha logrado con un éxito casi total atrincherar las artes visuales en la esfera de la pura visualidad y defenderlas de la intrusión de las palabras». Este deseo también es antiguo. Henri Matisse afirmaba que si alguien quiere dedicarse a la pintura, debería empezar por cortarse la lengua. Linda Goddard dice que «su consejo se ha citado como prueba de que los artistas crean intuitivamente, sin un plan intelectual» y de que «la pintura es un arte silencioso que trasciende el lenguaje». Evidentemente, cuando la poesía, un arte hecho con palabras, intenta trascender el lenguaje, nos situamos en el terreno de la utopía y la paradoja.

Adiós con llanto en cada mano. Mar. La voz
gastándose. Mar. Adiós mil veces. Mar. Voz
gastada por palabras como piel. Entonces e
l penúltimo grito levantando gaviotas. Un
pañuelo que salta. Pág. Estrujando corazón
en blanco. Latiendo entre los dedos. Olas.
Orilla que recede, la distancia cada vez m
ás espumosa. Un jabón. Y siempre una misma
despedida, esta. Mano llorando, la lengua
soberanamente hinchada, pegada al paladar,
endurecida. Sal. Espuma. Luego, mar. Adiós
de un labio a otro. Hermano, querida, ma
má. Adiós de pómulo a pie. El viento quema
huellas, estatuas de harina. Historia y azul
detrás del párpado: diente, él, ella. Ud.
Adiós. Total: morir después de la muerte.
Un día después. Mar abierto en bocas. Mari
posas bajo el agua. Peces como flores. Pro
fundidad transparencia. Camino sobre burbu
jas que estallan. Me hablan. Nuestras vida
s son los ríos que (no) van a dar a la mar.
Columna de escamas. Columna de ojos. Una c
iudad como mi cuerpo esparcido. Abajo el t
acto, voraz rastrillo agitándose. Sombra.
A través del párpado miro. Enterrado en l
a arena, miro. Espejo esponja que lamo y m
il veces el llanto como anillo anular la m
ano. Luego, mar. Entonces, mar. Sobre la s
angre, mar. De sangre, mar. Y adiós.

Este es el primer poema de *Piel menos mía*, un libro de Octavio Armand publicado en 1976. Aquí encontramos una estrategia contraria a la de «El poema tardío», pero yo diría que ambos textos plantean un tema similar: el tema del marco. Es como si el autor no quisiera escribir el poema, como si escribirlo, para él, consistiera en meramente registrar huellas: acontecimientos, impresiones, ideas. O como si consistiera en ponerle un límite a todo eso, un límite artificial, y, en algunos momentos, sumamente artificial, como cuando las palabras se rompen para no salirse del marco.[1] Esta ruptura de las palabras –que además se rompen por donde no pueden romperse, separando las letras de una sílaba– señala el carácter escrito del poema. El poema de Harwood juega a ser la versión escrita de un proceso mental, parece la entrada de un diario, unas notas que se toman al final del día con un lenguaje coloquial, es decir, una plasmación de la lengua oral, pero el de Armand es lo contrario de lo oral, es hasta tal punto un producto de la escritura que no se puede leer en voz alta: ¿cómo leemos «e / l»? o «m / ás»? ¿Cómo se pronuncian esas palabras rotas? ¿Y cómo se marca, con la voz, la forma reticular? Por otro lado, si la retícula, como decíamos, excluye el lenguaje, llenarla de palabras implica una violencia contra la retícula.

1. Como rompen las olas contra la orilla, contra el límite movedizo y natural entre el mar y la tierra; como nos rompemos en ciertas despedidas; como se rompe a llorar. Las despedidas y la piel –que aparecen en el título del poema y en el del libro– también son límites.

Y también, por supuesto, la rigidez que impone la retícula –esa ruptura de las palabras, por ejemplo, pero también otras cosas, como cierta frialdad, cierta quietud, la antinatural simetría del texto– es una violencia contra el lenguaje, que nunca funciona así cuando funciona «con naturalidad».[1] También es violenta la constante interrupción –«Mar», «Mar»–, la repetición de esa palabra que dificulta una lectura narrativa, y que al mismo tiempo refleja el movimiento del mar, las olas que van y vuelven, con esas palabras que van y vuelven. Si las palabras están quietas, ¿cómo podríamos, sin cierta violencia, *escribir* el movimiento?

Mondrian explica que en las retículas «las líneas verticales y horizontales son la expresión de dos fuerzas en oposición; esto existe en todas partes y lo domina todo; su acción recíproca constituye la vida». Yo encuentro en este poema dos fuerzas en oposición: lo antinatural y el rechazo de lo antinatural. Lo antinatural de la retícula convive con el rechazo de esa antinaturalidad propia del verso, de la poesía, de la escritura. El autor elige un marco –o entra en un escenario– y, en vez de escribir un antinatural poema, «tira» dentro sus materiales, como hace Pollock en sus cuadros. Es

1. Pienso que las formas poéticas tradicionales siempre son retículas. Un soneto es una retícula, típicamente rectangular, si los versos son endecasílabos (11 x 14), o cuadrada, si son alejandrinos (14 x 14). Tal vez la doble violencia de la que estoy hablando –que desde luego se siente siempre en las constricciones que imponen la métrica, la rima y cualquier «forma que no admite el menor cambio estructural»– contribuya a esa tensión que mencionaba Gadamer.

lo contrario de otros mecanismos antinaturales como la perspectiva o el realismo. Es una crítica de estos mecanismos: una crítica de la ilusión de tridimensionalidad,[1] una crítica de la ilusión de que el arte puede representar la vida. Al no elaborar sus materiales, al no crear un discurso con ellos, Armand introduce en la retícula la vida sin arte. Como el poema de Harwood es un simulacro de espontaneidad, el de Armand es un simulacro de la vida: lo que nos ofrece el poeta son instantes sin conectar. Pero igual que hay una contradicción («dos fuerzas en oposición») en el título («Despedida y presencia»), los elementos que forman esta retícula –la forma antinarrativa por excelencia– se organizan en una narración.

La idea de la retícula como forma que se resiste a aceptar un contenido me lleva de nuevo a Hegel, que afirma que la lógica es un mecanismo abstracto, que no se refiere a lo real y que «su contenido es ella misma»; es, por decirlo así, pura forma, o en términos de Hegel, «una forma infinita». Marx, en su crítica al modelo hegeliano, emplea esta idea para comparar la lógica con

1. «Estamos a favor de las formas planas porque destruyen la ilusión y revelan la verdad», escribieron Rothko y Gottlieb en el manifiesto ya mencionado; es una frase dirigida contra la perspectiva, cuya demolición cristalizó con el cubismo, y que podrían suscribir todos los expresionistas abstractos. Desde un contexto muy distinto, William Blake se refiere a algo muy parecido cuando habla de «cómo se funden y desaparecen las superficies aparentes y revelan lo infinito, que estaba oculto».

el dinero, que no dice nada sobre el objeto que compra o «representa», que no habla de lo concreto de las cosas, sino que de algún modo niega su especificidad y su concreción. El pensamiento lógico funciona también así. Por eso Marx dice que «la lógica es el dinero del espíritu» y que «la lógica es pensamiento alienado». Existe el pensamiento abstracto, sí, pero «la naturaleza es exterior a él».

Tiene que haber, entonces, un pensamiento no alienado, un pensamiento que dialogue con la naturaleza, que remita a lo concreto, que no siga siempre las mismas leyes, o cuya ley sea tener en cuenta específicamente cada caso.

He hablado de algunas marcas que indican que cierto grupo de palabras son un poema. A veces la marca está en el marco.[1] La forma soneto, con sus rimas preestablecidas y su verso medido, es un marco que, como ya dije, separa su contenido de la cotidianidad y al mismo tiempo permite su inserción en ella. El estatus complejo, ambiguo e indecidible del poema se refleja también en esta otra de sus dimensiones: no es ficción, no es realidad; no es parte de la vida, aunque puede ser más vívido que la vida.

1. Ambos términos tienen un origen común (el término latino *margo*) que también comparten con «margen» y que apunta a conceptos como los de límite, borde o frontera. Toda marca coloca al objeto marcado de uno u otro lado de alguna frontera.

El hecho de que haya unos bordes es lo que permite que el poema se desborde, que el sentido vaya más allá del texto, irrumpa fuera de él. Se crea la ilusión de que hay un adentro y un afuera. Pero también, insisto, puede ocurrir que lo real irrumpa en la obra. Lo real y la obra pueden estar al mismo tiempo a ambos lados del marco.

> Un soneto me manda hacer Violante,
> que en mi vida me he visto en tanto aprieto;
> catorce versos dicen que es soneto;
> burla burlando van los tres delante.
>
> Yo pensé que no hallara consonante
> y estoy a la mitad de otro cuarteto,
> mas si me veo en el primer terceto,
> no hay cosa en los cuartetos que me espante.
>
> Por el primer terceto voy entrando,
> y parece que entré con pie derecho,
> pues fin con este verso le voy dando.
>
> Ya estoy en el segundo y aun sospecho
> que voy los trece versos acabando;
> contad si son catorce y está hecho.

Como las obras de Pollock, como la caja de Morris, este poema de Lope de Vega conserva «el sonido de su propia fabricación». Es, claramente, arte procesual trescientos cincuenta años antes. Se me ocurre que podría ser la plasmación de lo que va pensando un poeta mientras escribe otro soneto, un soneto *de verdad*. En este sentido, sería como una huella que deja la escritura. El poema que contiene el sonido de su propia creación no es un invento de Lope, por cierto, pero el suyo es el ejemplo más conocido de este subgénero en nuestro idioma.[1]

Creo que los tres versos iniciales funcionan aquí como la referencia a Kenia en el poema de Koch; son una explicación que conecta el plano de lo «real» (aunque aquí se trate de la realidad de un personaje teatral) con el plano del discurso del poema, y que muestra su germen, la causa de su concepción. Todo el poema, menos estos tres versos, muestra el acto de escritura mientras sucede. Todo el poema, por decirlo de algún modo, está en presente, pero estos tres versos están en pasado: hablan de algo que ya ha ocurrido, previo al momento de la escritura. Antes comenté que la referencia a Kenia estaba sobre el marco del poema que introduce; ahora me dan ganas de decir que estos tres versos están fuera del soneto y dentro de él.[2]

1. Diego Hurtado de Mendoza, por ejemplo, había escrito unas cuantas décadas antes otro soneto similar, que comienza así: «Pedís, reina, un soneto, y os lo hago: / ya el primer verso y el segundo es hecho; / si el tercero me sale de provecho, / con otro más en un cuarteto acabo».

2. Esto queda más claro, creo, en la versión de Hurtado de Mendoza, donde es solo el primer verso el que está dentro y fuera: cada verso habla de sí mismo, pero el primero no.

El texto de Lope también se podría interpretar así: si la escritura viene de fuera, es una orden o un encargo, no produce nada más que un marco vacío. Este poema tiene todas las marcas de un soneto, pero al mismo tiempo nos han dado gato por liebre. Nos han dado solo las marcas. Me viene a la cabeza otra frase de Gadamer: «Una de las formas de la picaresca consiste en ejecutar una orden de manera que se cumpla su literalidad pero no su sentido». Schlegel, hablando sobre la ironía socrática, dice que «en ella, todo tiene que ser lúdico y todo tiene que ser serio, estar inocentemente abierto y profundamente oculto».

Por un lado, es como si el soneto solo dijera «ahora estoy diciendo esto». Parece que solo habla de sí mismo, que es una «forma infinita» y que «la naturaleza es exterior a él». Parece que no aporta nada. No es un soneto, podríamos pensar, sino un «soneto»: tiene la apariencia de un soneto, comparte apariencia con los demás sonetos, pero no comparte esencia. Sin embargo, por otro lado, sí que aporta algo: señala la diferencia entre un soneto y un «soneto» y nos lleva a preguntarnos dónde está esa diferencia, si en el texto o en la lectura, es decir, dentro o fuera del poema.

Podemos también preguntarnos, volviendo a la idea recién mencionada de Schlegel, dónde está la seriedad de este lúdico soneto, qué es lo que oculta. ¿No

---

Y como ese verso se ha empleado para crear un contexto, el autor se ve obligado a amontonar *antinaturalmente* las referencias al primero y el segundo en el verso siguiente («ya el primer verso y el segundo es hecho»).

es acaso un marco vacío? Yo diría que no. ¿No es también una iluminación, sutil y ligera, que muestra que en todo soneto el marco tiene un peso excesivo? ¿O que lo interesante de un soneto es el sonido de las palabras, el ritmo, la rima («el milagro musical»), y no tanto su dimensión semántica?[1] Cuando William Carlos Williams, como ya vimos, escribe que «todos los sonetos significan lo mismo» y argumenta que un soneto es una configuración «cuyo significado sustituye a cualquier idea que pueda meterse ahí», está sugiriendo que una forma cerrada no es solo una huella, sino que también funciona como una marca que nos indica dónde debemos pisar.

El soneto de Lope se puede leer así, pero también hay quien encuentra aquí una mera tomadura de pelo. Mi opinión es que este poema, como algunas obras que veremos a continuación, está pensado para que pueda producir efectos distintos, incluido ese.[2]

1. De hecho, la palabra «soneto» remite claramente al sonido; *sonetto* significaba originalmente algo como «cancioncilla», es decir, una pieza que tiene cierto encanto musical pero en la que no debemos esperar encontrar grandes ideas. Esto, por supuesto, no tiene nada de malo.

2. Schlegel, en el texto que acabo de citar, también dice que cierta ironía «no pretende engañar a nadie salvo a quienes la consideran un engaño» y a quienes o disfrutan de tomar el pelo a la gente o se enfadan cuando tienen la impresión de que les están tomando el pelo a ellos. Estas «personas armónicamente banales», que no saben cómo reaccionar ante la ironía, suelen acabar «tomando en serio lo que es broma y en broma lo que es serio».

El arte conceptual se centra radicalmente en las ideas y en muchos casos no presenta objeto alguno. Lucy Lippard dice que lleva a cabo una «desmaterialización del objeto artístico». De este modo, cuestiona el límite entre lo que es arte y lo que no lo es y muestra que podemos tener una experiencia estética sin que los sentidos desempeñen un papel fundamental. Una obra de Robert Barry, por ejemplo, consiste en unas invitaciones que envió el artista en las que se podía leer: «La galería permanecerá cerrada durante la exposición». Si en la abstracción desaparece el objeto representado, aquí desaparecen el objeto artístico y el contexto en el que se producía el encuentro con la obra, que ahora tiene lugar en la imaginación del espectador. En otras piezas, Barry libera a la atmósfera gases invisibles o emite en una galería ciertas ondas sonoras inaudibles para los seres humanos. Si la recepción y la interpretación de lectores y espectadores siempre han sido un elemento esencial de las obras de arte, ¿por qué no intentar que ese elemento se desborde y lo ocupe todo?[1]

La Monte Young, en su *Composición 1960 n.º 5*, suelta una mariposa para que revolotee sobre el escenario con la certeza de que la mariposa produce sonidos al volar, aunque nadie los oiga, y, cuando le dicen que eso no es música, afirma que «a menos que uno vaya a dic-

1. Digo «intentar» porque evidentemente la interpretación no lo es todo. Hay algo que el artista ofrece, aunque sea intangible: una idea.

taminar cuán fuertes o débiles deberían ser los sonidos para que se les permitiera entrar en el ámbito de la música», su obra puede considerarse una composición musical. Young también escribe que «la actitud corriente de los seres humanos» es pensar que «todo lo que hay en el mundo debe existir para ellos», pero que él opina que no es «necesario que haya alguien o alguna cosa para escuchar los sonidos y que es suficiente con que existan por sí mismos». Setenta años antes, Mallarmé había afirmado algo que ya apuntaba en la misma dirección: «Las cosas existen, no necesitamos crearlas, solo tenemos que captar las relaciones que hay entre ellas».

Hay una obra de Joseph Kosuth que se llama *One and three chairs* [Una y tres sillas] y consiste en una silla, una fotografía de esa misma silla y un cuadro en el que aparece la definición que da el diccionario de la palabra «silla». La pieza señala que detrás de cada silla hay otra silla: como en un juego de muñecas rusas, una silla puede ocultar otra; pero también sugiere que los distintos planos en que aparecen ahí las sillas –la silla de madera, la silla de madera en el pasado (la de la foto) y el concepto de silla– pueden y suelen confluir y constituir una unidad como la que constituye la Santísima Trinidad. Por otra parte, para quien pueda escucharla, la obra plantea la pregunta: ¿qué silla es más real? Y, creo, ofrece una respuesta: lo más real es el movimiento entre estas tres dimensiones o concepciones de la silla.

Eva Hesse tiene una obra que se llama *Colgada* que es literalmente un marco vacío. De la parte superior del marco, cerca de la esquina izquierda, sale un cable que cae al suelo y entra de nuevo en el marco, en la parte inferior derecha (por supuesto, también podríamos pensar que el cable sale de abajo y entra arriba, o que sale del marco o entra en él las dos veces). El marco, que como ya hemos dicho suele considerarse lo más trivial de la obra, algo que carece de significado, es aquí lo único que hay: dentro del marco se ve la pared, exactamente como fuera de él. Es decir, lo que estaba fuera del marco ha entrado en él (o, quizá, lo que estaba dentro ha salido). Y el cable, que habitualmente solo sirve para colgar la obra, sale del marco y entra en la galería, pero lo hace en otra dimensión: hace que la obra se vuelva tridimensional. El título juega con que la obra está colgada y con que la artista está colgada (el término en inglés tiene connotaciones similares a las que tiene en castellano), lo cual le da a la pieza un toque humorístico. Sin embargo, también hay quien ha visto aquí un útero vacío y un cordón umbilical, lo cual nos acerca al ámbito de lo trascendente. Podemos pensar que esta pieza de contenido indecidible se acerca al ideal de las mil canciones de McFerrin y se articula sobre una serie de contradicciones irresolubles. También se articula sobre contradicciones irresolubles la identidad de la artista, que en uno de sus cuadernos habla de las «fuerzas en conflicto en el interior de Eva» y que dice sobre esta pieza: «Me gusta y no me gusta».

Vale la pena mencionar asimismo algunas obras de On Kawara, como la serie de *Date Paintings* [Pinturas de fechas], unos cuadros en los que solo aparece la fecha del día en que se pintaron, o la serie *I Got*

Up [Me he despertado], unas postales que envía a amigos y conocidos con la hora y el lugar en que se despertó cada día. También, en una época, mandaba telegramas en los que lo único que decía era «I am still alive» [Sigo vivo]. En estas piezas, On Kawara parece trabajar exclusivamente con huellas; sus obras son leves y discretísimas huellas de lo real, que le sirven para llamar la atención sobre el límite existente entre lo real y la obra, pero también sobre el que separa lo banal y lo trascendente: parecen comentarios triviales, pero ¿hay algo más importante que el hecho de seguir vivo? On Kawara dirige la mirada, como Harwood, hacia lo prosaico y lo cotidiano. También hacia lo fugaz, y hacia el hecho de que las despedidas tienen una presencia constante. De este modo, logra que, como quería Hegel, «la trivialidad se acerque a la idea suprema de profundidad». Tal vez con estos telegramas se aluda irónicamente –es decir, en broma *y* en serio– a la tradición japonesa de escribir un poema antes de morir. Sin duda, el artista conocía la historia de Hará Tanzan, monje budista que, el último día de su vida, escribió sesenta postales que decían: «Me voy de este mundo. Este es mi último anuncio». Por supuesto, la obra de On Kawara exige una lectura «a favor»: el sentido no está ahí, sino esperando que lo construyamos. Y muestra de manera indirecta que en todas las obras de arte sucede esto. Si nos limitamos a esperar pasivamente a que estas piezas hagan su trabajo sobre nosotros, es probable que tengamos la sensación de que son una tomadura de pelo.

Desde luego, una obra de arte puede limitar con la tomadura de pelo. De hecho, para mucha gente con una orientación pragmática, *todo* el arte es una especie de tomadura de pelo, una actividad demasiado lúdica o infantil, propia de inadaptados o de vagos. En cualquier caso, muchos grandes artistas que se toman su trabajo absolutamente en serio disfrutan acercándose a este límite o sobrepasándolo.[1] Entre otras cosas, esta actitud pretende desenmascarar cierta pose sensiblera y sesuda.[2] Decían los futuristas italianos en uno de sus manifiestos que estaban contra «lo solemne, lo sagrado, lo serio y lo sublime». Jean Cocteau escribió que «los inventores se divierten. Con frecuencia, un juego, una farsa, puede ser origen de la belleza nueva»,[3] y, como consecuencia, «el público se enfada. Para él, el artista es un hombre grave que escucha a Beethoven con la cabeza entre las manos». Y Renoir constata: «La gente no te toma en serio si sonríes».

Por su parte, Gadamer, tras afirmar «la profunda continuidad que conecta los lenguajes de las formas artísticas del pasado con la ruptura de la forma del pre-

1. Se cuenta que, en la inauguración de una exposición de Pablo Picasso, un hombre que probablemente temía que le estuvieran tomando el pelo le dijo con tono desdeñoso al artista: «Esto lo podría pintar mi hijo de seis años». La respuesta de Picasso es muy reveladora: «Sí, pero usted no».

2. No estamos muy lejos de la crítica hegeliana del artista demasiado subjetivo que se expone a sí mismo.

3. También Carl Jung dice que «la creación de algo nuevo no se realiza con el intelecto, sino con el instinto de juego que actúa por necesidad interna».

sente», declara contundentemente que «quien crea que el arte moderno es una degeneración, no comprenderá realmente el arte del pasado». Es decir, si no se tiene en cuenta el hecho de que la historia del arte es un proceso,[1] no se comprende nada. Por otra parte, pensar que ciertas obras son una tomadura de pelo es una reacción prevista y buscada por parte de ciertos autores. Los futuristas rusos titularon uno de sus manifiestos *Una bofetada al gusto del público*. Rothko y Gottlieb escriben que su obra «debe insultar a cualquiera que esté espiritualmente adaptado a la decoración de interiores». Esta clase de obras que muchos consideran una tomadura de pelo supone una agresión intencionada a ese gusto cómodo, reafirmante, estereotipado, que responde al mercado y a la moda, falso e impersonal.

Pienso ahora en esas historias sobre actores de compañías teatrales itinerantes que, por representar a personajes malvados, acababan apedreados o en el pilón. También se podría criticar a Shakespeare porque Hamlet o Desdémona hablan en inglés en vez de en danés o en véneto. Son reacciones opuestas, pero en ambos casos obedecen a un exceso de literalidad que impide comprender dónde está el límite entre la obra y la realidad.

1. Me refiero a que la historia es un proceso de cambio hacia adelante y hacia atrás: no entendemos de la misma manera el Renacimiento ahora y en el siglo XIX, por ejemplo, lo cual implica que el Renacimiento, desde el siglo XIX, ha cambiado.

Dice Kosuth: «El arte consiste en mi acción de colocar esta actividad en un contexto artístico». Resulta evidente la deuda del arte conceptual con Marcel Duchamp, que cuarenta años antes había expuesto objetos de la vida cotidiana sin mayor transformación, y que podría haber afirmado que el arte consiste meramente en borrar los límites que separan el escenario del mundo, el poema de la vida o el museo de la calle. Su famosa *Fuente*, de 1917, es un urinario que presentó en una exposición. Esta idea es heredera de la técnica del *collage* –muy utilizada por los cubistas a partir de 1912–, que consistía en combinar en el interior del marco materiales procedentes del «mundo real» como trozos de periódicos, cigarrillos, fotografías, etiquetas, etc.[1] Resulta evidente la vinculación del *collage* con una famosa frase del Conde de Lautréamont, que unas décadas antes había valorado la belleza del «encuentro fortuito de una máquina de coser y un paraguas sobre una mesa de disección». A partir de estas palabras, Max Ernst definirá el *collage* surrealista como «el encuentro fortuito en un plano inadecuado de dos realidades alejadas». Por su parte, Jürgen Wissmann dirá que el *collage* es «la integración de la realidad en la obra de arte». Y Theodor Adorno, en relación con esta técnica compositiva, habla de «la negación de la síntesis», es decir, la puesta en primer plano de la coexistencia de fuerzas contradictorias.

En 1973 Daniel Buren presentó una obra titula-

1. Las tres sillas de Kosuth pueden considerarse un *collage*: son objetos heterogéneos que confluyen en un mismo plano.

da *Dentro y más allá del marco* que consistía en una serie de banderolas con rayas verticales que, colgadas de un cable, salían de la galería por la ventana y pasaban por encima de la calle hasta el edificio de enfrente. El marco, por supuesto, es la galería, el espacio institucionalizado del arte; más allá del marco está la ciudad, donde la misma obra tiene otro sentido. Si con Duchamp lo real entra en el espacio institucional del arte, con Buren el arte sale a la calle; en ambos casos se trabaja con el límite entre ambos espacios.

De vez en cuando los periódicos informan de que en algún museo el personal de limpieza ha tirado una instalación a la basura. En cierto sentido, en esos casos la obra barrida ha cumplido su propósito: ha logrado traspasar el límite que la separaba de lo real.

Vivo en la posibilidad–
una casa más bella que la prosa–
más numerosa en ventanas–
y superior en puertas.

Sus habitaciones, como los cedros–
impenetrables a la vista.
Y como techo eterno,
las buhardillas del cielo.

Sus visitantes –los mejores–
y mi actividad –esta–
extender, amplias, mis estrechas manos
y recoger el paraíso.

En este poema, Emily Dickinson compara la poesía con la prosa y afirma su superioridad argumentando, por una parte, que está mejor comunicada con el exterior –lo real, lo que está fuera de la obra– por medio de esas ventanas y puertas,[1] y, por la otra, que hay en ella algo que no se capta por medio de la vista; que, como el arte conceptual, está más allá de lo material y funciona en otro nivel, que podríamos identificar con la mente o el espíritu.[2] Alude también a ese «techo eterno» y a las «buhardillas del cielo», sugiriendo que lo que puede alojar esa casa es infinito: los incontables sentidos de un poema, las mil canciones de McFerrin. Esa es «la posibilidad»: la de pensar lo impensable, comunicar lo incomunicable,[3] volver amplias unas manos estrechas, «recoger el paraíso», es decir, hacer lo imposible.

1. Por supuesto, esto parece contradecir lo que comenté antes sobre las distintas relaciones de la poesía y la prosa con lo real, lo cual no supondría ningún problema para mí (y menos para Dickinson); o tal vez se refiera a que la poesía está más cerca de lo real en algún otro sentido, por ejemplo, gracias a que el poeta puede hablar directamente, sin necesidad de crear personajes. Comentaré algo sobre ese personaje que es el «yo poético» un poco más adelante.

2. McFarland dice que lo que genera el modo meóntico –recordemos: el arte que representa «lo que no está ahí»– es la conciencia de que hay dos mundos, en el segundo de los cuales mora el «verdadero ser», una vieja idea formulada con contundencia por la filosofía griega.

3. Quizá podamos volver así al tema de qué clase de comunicación fomenta la poesía: la de lo incomunicable. O, tal vez, la de algo que se transforma al pasar del emisor al receptor,

«Pensar lo impensable» me parece una buena formulación para lo que hace la poesía, o al menos para lo que aspira a hacer. Veamos un breve poema de Inger Christensen en el que encontramos una idea –«soy un reloj»– bastante impensable:

Si me quedo de pie
sola en la nieve
queda claro
que soy un reloj

cómo si no iba a orientarse
la eternidad[1]

Creo que en este poema se juega, de una manera muy delicada, a subvertir los esquemas habituales del pensamiento: al poner en contacto el reloj y la eternidad –igual que Dickinson opone prosa y poesía, lo estrecho y lo amplio, y menciona un «techo eterno»–, se ponen en contacto lo pequeño y lo grande, lo insignificante y lo trascendental, lo que mide y lo inconmensurable, el pensamiento y lo impensable. También se sugiere que ciertas verdades importantes –cierto nivel de la realidad– solo se revelan en determinados contextos: cuando se da esa tensión entre

---

la comunicación de algo que no es igual a sí mismo, que está siempre dispuesto a cambiar.

1. Traducción de Daniel Sancosmed Masiá.

fuerzas contradictorias. La verticalidad abrupta de una única persona frente a la horizontalidad suave del paisaje nevado, la soledad. Este poema me hace pensar que la soledad es una suprema contradicción: un estado en el que no hay nadie y hay intensamente alguien; los espacios vacíos de fuera se interiorizan, se diluye el límite que separa lo exterior y lo interior. En otras circunstancias, cuando una no está «de pie / sola en la nieve», no queda claro nada. El contacto entre lo mínimo y lo máximo está también en otro plano: con unas pocas palabras, con unas pocas imágenes, la autora logra componer un poema que puede resonar durante mucho tiempo y de maneras muy variadas.

Christensen también propone aquí una asociación entre el reloj y la brújula: ambos instrumentos, además de presentar ciertas semejanzas en su aspecto, son objetos concretos que sirven para dosificar o traducir la inmensidad de algo abstracto, el tiempo y el espacio. Este poema nos hace pensar que, para la eternidad, ese reloj que es una persona de pie funciona como una brújula. O, dicho de otro modo, que lo que para la eternidad es una brújula, para nosotros es un reloj. Se crea una relación entre el espacio y el tiempo que resulta muy inestable, que no se acaba de posar. Creo que lo verdaderamente llamativo, lo impensable, no es que una sea un reloj –una persona de pie puede parecer un reloj de sol–, sino que la eternidad necesite orientarse: que el tiempo necesite un espacio, hallarse en el espacio; que pueda hacer falta un espacio donde el tiempo pueda encajar.

Este poema, como el anterior, habla de una posibilidad y trata de la actividad de su autora, una actividad que puede entenderse de manera literal o identificarse con la escritura o interpretarse de otras maneras, tal vez como una forma de vida. Me vienen a la cabeza otros versos de Dickinson que también parecen basarse en ese contacto entre lo mínimo y lo máximo y que también pueden leerse como una poética o como una experiencia vital: «Derramé el rocío / pero recogí la mañana». Esa idea de recoger la mañana está cerca de las ideas de recoger el paraíso o de ayudar a orientarse a la eternidad: es, también, una idea «impensable». Esto es lo que pasa al abandonar lo figurativo: nos deshacemos de lo concreto (el rocío) y llegamos a lo abstracto (la mañana), y así accedemos, paradójicamente, a un nivel más real de realidad, que tiene que ver con esas formas planas «que destruyen la ilusión y revelan la verdad» de Rothko y Gottlieb, o con lo que la propia Dickinson llama «la posibilidad». También se sugiere en estos versos que esa manera de escribir o de pintar –o de vivir– tiene un coste; que vivir en una casa siempre supone no vivir en otra; que relacionarnos con ciertas dimensiones de lo real nos dificulta relacionarnos con otras.[1]

1. Apenas unos años antes de que Dickinson escribiera estos versos, Baudelaire –sus temperamentos no pueden ser más distintos– escribe su conocido poema «El albatros», en el que plantea con claridad la idea que estoy comentando: las «alas de gigante» que permiten volar al poeta («príncipe de las

En algunas de sus obras, Robert Barry trata de poner en primer plano precisamente lo que queda fuera del marco: cuelga diversos lienzos cuadrados o rectangulares de forma que los espacios vacíos que quedan en la pared se integran en la obra de tal modo que se podría decir que esa integración *es* la obra.

John Ashbery, hablando sobre pintura, dice: «Me gustaría mencionar que los espacios entre las cosas parecen estar volviéndose cada vez más grandes y más importantes».

En sus *White Paintings*, Robert Rauschenberg aplica con un rodillo pintura blanca sobre los lienzos, de manera que estos funcionan como pantallas que reflejan lo que ocurre en la sala donde están expuestos. El vacío de estos cuadros agudiza la percepción. Rauschenberg dice que los consideraba «relojes», ya que si uno era lo bastante sensible como para interpretar la información que proporcionaban, podía «saber cuánta gente había en la sala, qué hora era y qué tiempo hacía fuera». Es decir, se trata de una obra que cambia en función de los cambios producidos más allá de sus límites; o, dicho de otro modo, cuyos

---

nubes, / que frecuenta la tempestad y se ríe del arquero») son precisamente lo que dificulta su relación con cierta cotidianidad («le impiden caminar» cuando se encuentra «exiliado en el suelo»).

límites están más allá de su marco. Después de esta obra, expuesta en 1951, Rauschenberg propone una pieza que consiste simplemente en borrar. Es una obra conceptual antes del conceptualismo. Rauschenberg le pidió a Willem de Kooning que le regalara un dibujo para borrarlo, y este le dio un dibujo particularmente difícil de borrar; Rauschenberg cuenta que tardó como un mes en hacerlo. No se conserva ninguna imagen de la obra de De Kooning.

Borrar un De Kooning no es destruirlo: es hacer algo con su energía. No es lo mismo borrar un dibujo de este artista, que en ese momento era sumamente popular y prestigioso, que borrar uno propio, o el de alguien desconocido. En 2010, mediante un escáner infrarrojo, se intentó ver cómo era la obra de De Kooning, y, aunque se obtuvo una imagen, mi analogía puede mantenerse: no está claro qué trazos fueron borrados por Rauschenberg y cuáles había borrado antes De Kooning, que también trabajaba intensamente con la goma. En la parte de atrás de esta obra, por cierto, Rauschenberg hizo que se incluyera una inscripción que dice: «No separar el dibujo del marco. El marco es parte del dibujo».

Si los *White Paintings* representan la nada, el borrado representa el acto, el proceso por el que se llega a la nada. Percibimos un vacío mayor sabiendo que hubo algo y ya no está que ante la mera ausencia. La soledad se alimenta más del pasado que del presente.

La *performance*, una práctica artística surgida, como el arte conceptual, en los años sesenta, también borra o difumina los límites entre el arte y la vida. Interesa ante todo la acción de los cuerpos en tiempo real, pero también el hecho de que la obra no deja ninguna marca tangible. «La esencia de la *performance* es la desaparición», escribe Peggy Phelan. Este desinterés por la permanencia puede leerse como un comentario sobre el paso del tiempo y la finitud humana, pero también como una crítica de la sobrevaloración de los objetos materiales, que caracteriza no solo a nuestra sociedad, sino también muy llamativamente al mercado del arte. Desde luego, las causas que dan lugar a esta poética de lo inmaterial son varias. A mí me interesa conectarla con la valoración de las ideas frente a las apariencias, que se remonta a Hegel y llega hasta Platón, pero también es resultado de la conciencia de que «los intentos por parte de las vanguardias artísticas de combatir la lógica del mercado del arte solo produjeron nuevos objetos más lucrativos para coleccionar e intercambiar», como señala George Lipsitz. Parece que una buena forma de oponerse a esta tendencia es suprimir el producto. «No hace falta comprarla para poseerla», dice Lawrence Weiner sobre la obra conceptual. «Uno la posee al conocerla.»

La improvisación libre, una práctica musical que se extiende en los sesenta, también está orientada hacia el proceso y no hacia el producto. Una de sus características más relevantes para lo que estamos viendo aquí es que no solo borra el límite entre el escenario y el mundo,[1] sino que trabaja activamente para incorporar en la obra lo que pasa en el mundo: los sonidos, ante todo, pero también los movimientos, la temperatura o el olor del entorno pasan a formar parte de lo que ocurre en el escenario. En este enfoque, la música es inseparable del lugar y, sobre todo, del momento en que fue creada. Como la caja de Morris, contiene el tiempo de su creación, aunque, a diferencia de lo que ocurre en esta pieza, ese momento se pierde para siempre en cuanto pasa.[2] Se trata de una propuesta que contrasta fuertemente con la concepción de la obra de arte como algo que tiene un significado fijo, al margen del tiempo y del lugar en el que se halle, y que se basa en su materialidad, en su permanencia y en su capacidad de circular.[3]

1. La improvisación libre se desarrolla a partir del free jazz, que cuestiona el límite entre el escenario y el mundo empleando, además de instrumentos musicales, algunos objetos de la vida cotidiana, como latas o trozos de manguera, juguetes o tablas de lavar. Este rasgo procede de África. En las tradiciones en que la música tiene una orientación más ritual que estética, una de sus funciones principales es crear un marco temporal en el que pueden pasar cosas distintas de las que pasan fuera de ese marco. Durante el tiempo de la obra, se modifica el espacio en que esta transcurre.

2. Barry escribe en 1969 que sus instalaciones están «hechas para encajar en el lugar en el que se colocan. No pueden moverse sin quedar destruidas». Fuera de su lugar o fuera de su tiempo, cierta clase de obra no puede existir.

3. Es difícil no notar, entonces, que la obra que se vincula tan estrechamente a un determinado contexto es, en otro plano, mucho más fija y estática que la obra-objeto vendible.

Estos enfoques, muy novedosos pero basados en preocupaciones muy antiguas, consiguen que lo impredecible sea un elemento esencial en la obra (y, de un modo más o menos explícito, uno de sus temas), pero también consiguen que el arte deje de considerarse la huella de un acto para pasar a ser un acto. Convencionalmente, la pintura es estática, las notas de una partitura están escritas, los desplazamientos y gestos de los bailarines están planificados y ensayados, las palabras de un poema están fijas sobre la página; sin embargo, el impulso creador que dio lugar a todo esto era dinámico.[1] La conciencia de esta discrepancia genera una nueva modalidad de realismo que consiste en tratar de mantener ese movimiento en la obra.

Estas síntesis del acto y su huella, estas irrupciones de lo real, me parecen una manera de intentar cumplir un antiguo sueño, el de conectar el arte con la vida,

---

Es decir, se supera el límite que separa el espacio artístico (el museo, la galería) del espacio real, pero se crea otro límite que separa un determinado espacio artístico-real del resto del mundo. Ya hemos visto, en relación con la espontaneidad, que hay algo contradictorio en los intentos de alcanzarla. Volveremos más adelante al carácter utópico de estas propuestas.

1. Creo que los poemas que escribimos son como la acción de Rauschenberg: en alguna medida, borran el poema *original* (los mil poemas potenciales, la posibilidad), lo que podría haber brotado de ese impulso que combina palabras, imágenes verbales y algo prelingüístico; en la escritura, me parece, ese impulso se transforma y algo –que puede ser esencial– se pierde.

romper el límite que los separa. «El camino hacia la naturaleza pasa por el Louvre, y el camino hacia el Louvre pasa por la naturaleza», afirmó Paul Cézanne.

«Un tren puede ocultar otro» presenta un discurso que es racional, pero al mismo tiempo es imprevisible, como cuando el autor se sale del carril «ensayístico» para decir que vivía con su mujer y ella se fue: de algún modo, ahí también la realidad interrumpe la obra.[1] El poema consiste en una enumeración de cosas que ocultan otras, y la realidad, la memoria y la nostalgia irrumpen hermosamente, mostrando ese ocultamiento en acción.

En línea con el deseo ya mencionado de anular o rebajar la subjetividad del artista para que el arte tenga, por decirlo así, una relación más real con la realidad, Charles Olson propone «librarse de la interferencia lírica del individuo», del «sujeto y su alma, esa peculiar presunción por la cual el hombre occidental se ha interpuesto entre lo que él es» y el resto de la naturaleza. Parece que Koch está logrando eso en su poema cuando aparecen esas ideas, esos recuerdos, esas interferencias líricas. Podría tratar de anularlas,

1. Es importante no confundir el «yo poético» (la voz que habla en el poema) con el autor; de lo contrario, podemos leer como quien apedrea al actor que hace de malo. Sin embargo, si sabemos que Koch vivió con su esposa en el sur de Francia y después se separaron, ¿no podemos hablar del autor y no del yo poético? Dicho de otro modo: si el autor no pone un límite entre el poema y lo real, ¿debemos ponerlo nosotros?

pero eso sería orientarse hacia el producto y, desde cierto punto de vista, mentir.

Acabo de hablar de una nueva modalidad de realismo que parece señalar que si la vida es caótica e imprevisible, cualquier poética realista debería darle un lugar a lo caótico e imprevisible (del mismo modo en que Harwood parece justificar que su poema es tonto con el argumento de que «tiene que haber un lugar para la tontería»). Esto es lo que hace un músico como John Cage, que en muchas de sus obras trabaja con el azar –dando un lugar a lo caótico– o anula radicalmente su subjetividad –que para él es en cierto modo previsible– para que irrumpan la subjetividad del público y lo imprevisible del mundo. Su pieza más conocida, *4'33"*, consiste en cuatro minutos y treinta y tres segundos de silencio, durante los cuales, evidentemente, se oyen muchas cosas: todos los sonidos que hay en un auditorio de música y que normalmente son solo ruido de fondo. La música, así, se centra en la escucha, en el papel del oyente; lo que suele estar fuera del marco pasa a ser el centro de la obra.[1] Cage cuenta que *4'33"* está inspirada en los *White Paintings* de Rauschenberg; el silencio, como dije del vacío de estos cuadros, agudiza la percepción.[2]

1. Miles Davis, desde un contexto muy distinto, dice que «la música es el marco que rodea al silencio».

2. Kandinski afirmaba que cualquier lienzo en blanco está «lleno de expectativas» y que es «más bello que muchos cua-

En relación con esta utópica búsqueda del silencio de Cage, vale la pena mencionar el conocido experimento que realizó en la Universidad de Harvard, donde se metió en una cámara anecoica (un espacio diseñado para absorber todas las ondas sonoras, es decir, para generar un silencio absoluto) y, sin embargo, oyó «dos sonidos, uno agudo y otro grave». Al salir, se enteró de que el agudo era producido por su sistema nervioso y el grave por su corazón y su sangre al circular. La búsqueda de la neutralidad también es utópica: aunque uno ponga todas las condiciones posibles para apagarse, siempre produce algo. La vida irrumpe, imprevisible.

Pero tal vez la vida no sea caótica e imprevisible. También se puede argumentar que la vida es ordenada y repetitiva. Volvemos así al antiguo y conocido debate entre Parménides («todo es uno y lo mismo»)

---

dros». Es, de nuevo, la posibilidad. Cuando el artista se quita de en medio o reduce su subjetividad, estimula la subjetividad del público.

Hay otra posible fuente de inspiración de Cage que creo que vale la pena mencionar. Tras su muerte, apareció entre sus documentos un recorte del *New York Post* del 16 de enero de 1952 (año de composición y estreno de *4'33"*) en el que se cuenta que en una gramola de la Universidad de Detroit habían instalado un disco titulado «Tres minutos de silencio» para ofrecer a los estudiantes, a cambio de una moneda, la posibilidad de estar un momento sin escuchar música. Dado el interés que Cage siempre sintió por el silencio, diría que esta noticia no inspiró a Cage la «composición» de su obra; me parece más probable que el compositor guardara el recorte porque le hiciese gracia la coincidencia con sus propias ideas.

y Heráclito («todo fluye»), que lleva repitiéndose y fluyendo desde hace dos mil quinientos años. Tal vez la visión de la vida como algo dinámico sea un engaño, una ilusión momentánea, una alucinación. Podríamos tratar de adoptar una postura sabia, mesurada y ecuánime, y admitir que la realidad no es una cosa ni la otra, sino que depende de la mirada que la interprete. Lo interesante es que al hacerlo estaríamos apoyando la visión pluralista, dinámica y caótica del mundo.[1]

Ted Berrigan, por lo visto, pensó en algún momento que «F. T. Prince» (que se puede leer como *footprints*, huella) era un pseudónimo.[2] John Ashbery alude a esto en la elegía que le dedicó, un poema titulado «The Black Prince», que comienza diciendo «Podría ser una pisada en el bosque» y luego afirma que «sus gestos y sus palabras tenían todo el sentido / si se tomaban juntos. Y solo cuando el viento los separaba / dejaban de importar, importaban solo a unos pocos».[3] Podríamos comparar ese viento con lo real,

1. O tal vez no: si *todo* es cambio, Parménides tenía razón.

2. Berrigan y Prince, recordemos, son dos de los poetas que aparecen nombrados en el poema de Harwood.

3. Lo de los gestos y las palabras que «se tomaban juntos» me recuerda al origen etimológico de la palabra «concepto» (el término latino *concipere*), que remite a juntar cosas y protegerlas en el interior; esta idea se conserva exactamente en la palabra «concepción» en su sentido de «embarazo».

con lo que irrumpe desde fuera del escenario y desbarata el discurso. También en el poema de Armand «el viento quema hue / llas, estatuas de harina».

Los cuadros de Pollock, al ser una huella del proceso de pintura, nos llevan a considerar de nuevo la cuestión del marco. ¿Dónde está el límite *espacial* entre el acto de pintar y el cuadro, entre el acto de escribir y el poema? «Mi pintura no surge del caballete», dice Pollock. «Estoy más cómodo sobre el suelo. Me siento más cerca, más parte de la pintura, porque así puedo [...] estar, literalmente, dentro de la pintura.»

En el soneto de Lope ocurre algo muy similar, ya que quien escribe el poema parece encontrarse físicamente en su interior: «estoy a la mitad», «voy entrando», dice. Y luego no sale; se ha liberado de su encargo, pero quedó metido en la jaula.

El gran tamaño de algunas de las telas de Pollock nos sitúa también a los demás dentro de la pintura, nos hace atravesar el límite que impone el marco. Es la manera que tiene de conjugar la imposibilidad de prescindir del marco y su deseo de prescindir de él: alejarlo.[1] Del mismo modo, en *Full Fathom Five*, un cuadro de

1. Creo que el «techo eterno» de Dickinson procede de un deseo parecido. Rothko, por su parte, dice: «I paint big to be intimate», una frase que se entiende mejor en inglés que cualquier traducción que yo pueda hacer. Rothko quería que sus cuadros se miraran desde cerca para que el espectador se sumergiera en las sensaciones que provocan.

1947, Pollock adopta la práctica –que, como ya he comentado, tiene una larga tradición en el siglo XX– de incorporar al lienzo materiales procedentes del «mundo real» (llaves, cigarrillos, clavos, etc.), lo cual es una manera de trascender el marco, de actuar como si no estuviera, de imaginar que, a pesar de ser inevitable, no está.

«Un tren puede ocultar otro» también obtiene parte de su energía de sus dimensiones. Koch podría haber sintetizado ese poema en quince versos; creo que eso es lo que le habría recomendado cualquier poeta convencional. La repetición y la extensión son una manera de ampliar el marco, y si este poema es único, lo es en buena medida por eso. La versión de quince versos sería, creo, un lugar común. Un poema breve puede ocultar un poema largo, y viceversa, y el trabajo del poeta a veces consiste en descubrir el poema que está oculto detrás de una serie de palabras y versos.

Pollock quiere estar dentro, pero yo diría que es el límite entre dentro y fuera la zona verdaderamente sensible, la zona donde se encuentran el goce, la libertad, la extrañeza, la zona donde el autor y el lector pueden hacer algo en vez de meramente estar. Lejos del límite hay seguridad, porque no pasa nada. Me refiero ahora al límite mental que imponemos a los textos que escribimos y leemos –a lo que nos permitimos concebir como poema– y a los límites de nuestra libertad creativa e interpretativa.

Estoy considerando lo real de una manera ingenua, como ya comenté: lo que hay y sucede fuera de uno. Así, el límite entre lo real y el poema puede también entenderse como el límite entre lo exterior y lo interior.

Todo esto se puede relacionar con cierta escisión interna, con límites poco claros en el terreno de la identidad. Jean Arp, poeta y artista,[1] de padre alemán y madre francesa, nació en Estrasburgo quince años después de que esta ciudad pasara a ser alemana tras la guerra franco-prusiana. Tras estallar la Primera Guerra Mundial, se tuvo que ir a Suiza (donde coincidiría con Tristan Tzara) y fingir que estaba loco para que no lo reclutaran. Es un caso trágico, pero también hay casos gozosos de identidades escindidas: Bernadette Mayer disfruta contando que de niña vivió en una zona de Nueva York conocida como «el territorio en disputa», pues no estaba claro si pertenecía al barrio de Brooklyn o al de Queens. Esto, según ella, supuso una riqueza, una fuente de placer y libertad, un aprendizaje que más adelante se reflejaría en sus poemas. Desde luego, la conciencia de la indeterminación de la identidad fomenta la indeterminación del texto, pues genera una mirada que se centra en lo

1. Kandinski consideraba a Arp «el poeta más sólido de todos nosotros».

incompleto y provisional. «No tengo una percepción muy fuerte de mi propia identidad», dice Ashbery, lo cual «ayuda a generar una especie de polifonía en mis poemas que creo que es un medio para alcanzar un mayor naturalismo». Desde luego, este «naturalismo» es eso que un poco más arriba llamé «una nueva modalidad de realismo».

Todos experimentamos en alguna medida la escisión de la que estoy hablando, la pluralidad interior. Max Jacob decía que «una personalidad no es más que un error persistente».

Mondrian escribe que «el tiempo y la visión subjetiva empañan la verdadera realidad». Del tiempo y sus huellas, de cómo integrar una acción en una obra, ya he hablado algo y volveré a hablar muy pronto. En cuanto a la visión subjetiva, podría ser lo que se intenta combatir abriendo la obra para que entre lo real. Hay muchas estrategias para librar ese combate, para quitarse de en medio e intentar que la obra funcione como la naturaleza, para permitir que entre lo exterior: emplear el azar, proponer un modelo de creación colectiva, dejar un espacio mayor para la interpretación de los receptores de la obra, para la interacción con ellos. Como la parábasis, como Hegel, como Cage, Mondrian busca la neutralidad con sus retículas y considera «formas relativamente neutrales a aquellas que no muestran ninguna relación con el aspecto natural de las cosas o con ninguna idea».

En un poema titulado «Qué es la poesía», Ashbery propone, a modo de interrogativa respuesta,[1] que tal vez consista en «¿intentar evitar / las ideas, como en este poema?». Ya Immanuel Kant decía que la belleza libre «no presupone concepto alguno de lo que el objeto deba ser» y la asociaba con «toda la música sin texto», en una frase que parece prefigurar el comentario de McFerrin que mencioné antes. En «Qué es la poesía» también se puede leer que «en el colegio / nos peinaron todas las ideas», es decir, las ordenaron, las fijaron, limitaron su movimiento.

En otro lugar, Ashbery cuenta que una vez leyó un poema de Hölderlin que terminaba con una coma, y que la idea le pareció muy buena y se la robó. Esa coma –un rasgo despeinado– es como la interrogación sin cerrar del poema de Harwood. Un poema que termina con una coma en realidad no termina, sino que queda interrumpido. ¿Dónde continúa? ¿En el mundo real? ¿O no continúa? Y ¿es de verdad lo real lo que se entromete y lo interrumpe? (Esto parece ser lo que ocurre en «El poema tardío».) Cuando leemos un poema de Góngora o de Baudelaire, estamos ante una totalidad: no tiene ningún sentido que nos imaginemos qué hay más allá del poema, antes o fuera de él, quién habla ahí. Son poemas que crean su propio contexto, que muestran una tendencia, por decirlo

1. El título del poema no lleva interrogación, pero las «respuestas» sí.

así, a no relacionarse con el contexto. Poemas como estos de Harwood o Ashbery, en cambio, parecen establecer una relación fuerte con el contexto. Resulta difícil, en estos casos, decir si el poema funciona como una totalidad o como un fragmento. Tal vez no sean cosas distintas.

Tal vez en lugar de hablar de lo fragmentario habría que hablar de lo inconcluso. El fragmento remite a una totalidad; lo inconcluso la niega.

Roman Opalka estuvo desde 1965 hasta su muerte, en 2011, pintando una obra llamada *1965/1-∞ (Del uno al infinito)*, que consiste en escribir en blanco los números –1, 2, 3, etc.– sobre sucesivos lienzos y grabar su propia voz recitando cada número mientras lo pinta. Esta obra es por naturaleza inconclusa; evidentemente, Opalka no aspiraba a llegar al infinito (tras esos cuarenta y seis años de trabajo, logró llegar hasta el número 5.607.249). «El problema es que somos y estamos a punto de no ser», afirmó en una ocasión este artista, cuyo proyecto vital se le ocurrió, por lo visto, mientras esperaba a su mujer en una cafetería. El acto de pintar se vuelve materia en sus lienzos, que reflejan el paso del tiempo no solo por medio de la progresión de dígitos, sino porque el fondo de los cuadros es, en cada lienzo, un 1% más blanco que en el anterior, de modo que en cierto momento los números –la vida– se habrían vuelto ilegibles (ya casi lo eran en sus últimos tiempos). Esta serie de cuadros nos hace plantearnos si las obras de arte –y la vida– alguna vez se terminan o meramente se interrumpen.[1]

Katie Paterson también ha centrado su mirada en el tiempo. En su *Historia de la oscuridad* presenta una serie de diapositivas, cada una de las cuales es la imagen, captada a través de un telescopio, de un lugar oscuro del universo. En función de la distancia a la que se encuentre, esa imagen documenta cómo era ese lugar en un momento remoto. La más antigua de ellas tiene más de 13.000 millones de años; es de la época en que empezaron a formarse las estrellas.[2] Aquí se incluye lo virtualmente infinito en un marco de unos pocos centímetros cuadrados en el que no se ve nada. Otra de sus piezas, *Todas las estrellas*

1. Ya Valéry escribió que, para algunos poetas, una obra nunca es algo acabado, sino abandonado. Es decir, el proceso de creación, como manifiesta la obra de Opalka, puede no tener fin. Valéry también manifestó su «complacencia por el estado reversible de las obras».

2. Mirar las estrellas, por cierto, es mirar al pasado: su luz tarda tanto en llegar hasta nosotros que lo que vemos es el aspecto que tenían hace miles de años, como todos sabemos de un modo medio impensable. Cuando el espacio es realmente grande, el tiempo pasa a formar parte de él o, mejor dicho, nos hace tomar conciencia de que *siempre* forma parte de él. Creo que esos enormes cuadros de Pollock fomentan una reacción similar. Creo que la soledad de Christensen en la nieve la convierte en un reloj-brújula por este mismo motivo. Cuando el tiempo es realmente grande –la eternidad–, su relación con el espacio se vuelve problemática.

muertas, consiste en un mapa que registra la localización de unas 27.000 estrellas extintas, todas las que se han catalogado en la historia de la humanidad.

Pero Paterson trabaja además de un modo muy interesante con el espacio: para su proyecto *Tierra-Luna-Tierra* tomó la famosa sonata para piano de Beethoven conocida como «Claro de luna», *tradujo* la partitura al código Morse y la envió, por medio de ondas de radio, a la Luna, en cuya superficie estas ondas rebotaron para volver a la Tierra. Pero debido a las irregularidades de dicha superficie –los valles y cráteres de la Luna, lo que podríamos llamar su «subjetividad»–, las ondas que regresaron son ligeramente distintas de las que partieron: faltan algunas notas, quedan algunos huecos. La pieza consiste en un piano programado para tocar la sonata «Claro de luna» tal como la *interpretó* la Luna. Aquí se llevan al extremo la idea de eliminar la subjetividad del artista y el deseo de dar un lugar a la interpretación ajena. La pregunta sobre la interacción entre lo que está dentro del marco (el piano tocando a Beethoven pasado por la Luna) y lo que está fuera de él (la Luna, la distancia que nos separa de ella) resulta más intensa que nunca.[1]

1. Vale la pena mencionar otras obras de esta artista en las que también está en primer plano el tema de los límites temporales y espaciales: en *Totality* integra en una *mirror ball* imágenes de todos los eclipses registrados –más de 10.000–, que se proyectan sobre las paredes de la habitación mientras gira la

Al igual que ocurre con ciertos conceptos astronómicos, estas obras dan la impresión de ser impensables o, mejor dicho, de encontrarse mucho más allá del límite entre lo que se puede y lo que no se puede pensar. Pero, y esto es importante porque de aquí surge el tipo de energía que nos lleva a emprender proyectos utópicos, no debemos olvidar que ese límite es movedizo. «Lo inconcebible / se ha vuelto cotidiano», escribió Ingeborg Bachmann.

En relación con este límite, veamos el siguiente poema de Hernán Bravo Varela:

(CLUB NÁUTICO A CIEN METROS)

El caballo amarrado junto al río;
el caballo amarrado al poste de una cancha
de vólibol, la hierba
hasta las patas; el caballo junto
al río es una yegua que pasta con su celo
de macho en la basura.

Relincharía el caballo,
mostraría su crin y se alzaría sobre
pañales sucios, cáscaras, pieles de papaya

---

bola; en *Second Moon* puso en órbita un fragmento de la Luna que dio vueltas a la Tierra durante un año a algo más del doble de la velocidad del satélite (dio 30 vueltas), un caso en el que la obra sale del marco –el museo, el escenario– y entra con contundencia en el plano de lo real.

y un balón desinflado; luciría un sudor
blanco y espeso;
relincharía, pero es un caballo
que pasta en la basura.

Sería un semental, pero tan solo agacha
la cabeza. Da coces porque el río
sería un corcel, pero nunca hace olas;
porque, pudiendo ser los dos caballos,
uno es un río y otro está amarrado.

Me parece que este poema no se puede pensar; se sitúa, como comenté, más allá del límite de lo pensable. Creo que esto se debe a que, aunque las palabras que lo forman están quietas sobre la página, el autor las ha dispuesto de tal modo que se mantienen en movimiento. Este movimiento procede, sobre todo, de la indeterminación. ¿Cuántos caballos hay aquí? Parece que hay uno que parece ser dos, o muchos. ¿Se está diciendo acaso que un caballo puede ocultar otro? ¿«El caballo amarrado junto al río» es el mismo que «el caballo amarrado al poste»? Si es así, ¿por qué se lo califica de dos maneras que no son solo distintas, sino casi contradictorias, creando una disyuntiva en la mente del lector, abriendo un camino que se bifurca y sigue siendo solo uno? Ese es el movimiento al que me refiero: distintos nombres para la misma cosa, distintas cosas con un mismo nombre.[1] E igual-

1. No recuerdo quién decía que en la prosa se aspira a que cada palabra tenga un significado único, mientras que en la

mente, ¿es macho o hembra? «Es una yegua», por un lado, que, por otro, «pasta con su celo / de macho en la basura». ¿Quiere decir esto que es un macho que, por haberse ido a la basura su carácter masculino, se puede calificar como hembra? ¿Y pasta en la basura o es su celo de macho lo que está en la basura?[1] Es decir, también la sintaxis, el orden de los elementos en la frase, deliberadamente ambiguo, genera indeterminación, es decir, movimiento. Por su parte, los tiempos verbales también los generan; el condicional nos hace preguntarnos: ¿relincharía si ocurriera qué? Es un tiempo que pide otro tiempo, un instante que hace irrumpir otro instante, un acto que oculta –y muestra, en nuestra imaginación– otro acto. Vemos un caballo quieto y lo vemos relinchando. En una instantánea, Bravo Varela ha conseguido captar la movilidad, dos tiempos: el indicativo y el subjuntivo. En el último verso parece afirmarse que un caballo amarrado no es un caballo. También hemos leído que el río podría ser un corcel, pero no hace olas. Hasta tal punto las cosas se vuelven paradójicas cuando lo que suele estar quieto empieza a

poesía se trata de hacer resonar sus diversos significados. Por su parte, Novalis escribía que «tener varios nombres resulta ventajoso para una idea».

1. Esta pregunta que sugiere el final de la primera estrofa se contesta al final de la segunda, pero tal vez no se esté contestando, sino hablando de otro momento; es decir, siguiendo a Heráclito, de otro caballo. El filósofo griego postuló que nadie puede bañarse dos veces en el mismo río. Ningún caballo puede pastar dos veces en la misma basura.

moverse que incluso en el río, que simboliza el devenir desde Heráclito como mínimo, hay algo estático, manso.

La frase de Jorge Manrique «Nuestras vidas son los ríos / que van a dar en la mar» aparece «intervenida» en el poema de Armand. Irrumpe desde fuera del poema, como cuando los improvisadores interactúan con sonidos o estímulos procedentes de fuera del escenario, de la realidad. O tal vez irrumpa desde la memoria del poeta. Es decir, surge de un lugar distinto al espacio en que se genera el resto del poema.[1] En cualquier caso, si los poemas son el resultado de un proceso y muestran ese resultado, en este poema lo que se muestra es el proceso. La pintura, convencionalmente, esconde las pinceladas;[2] Pollock las muestra, muestra el acto de pintar. Armand, con

1. ¿De verdad? ¿Sabemos acaso algo sobre el lugar en el que se generan los poemas? Armand, opino, está planteando esta pregunta.

2. El impresionismo es un punto de inflexión en la historia de la pintura porque empieza a mostrar las pinceladas. No es casualidad que también empiece a abandonar el tema. «Lo que me parece más importante de nuestro movimiento es que hemos liberado a la pintura del tema», dice Renoir. Kandinski lo resume así: «El objeto dejó de considerarse un elemento indispensable de la pintura». Cuando dice «el objeto», se refiere a la representación del objeto, pero de ahí al arte conceptual, en el que, como ya hemos visto, deja de considerarse indispensable el objeto-obra, no hay más que un paso.

sus asociaciones y reticencias, muestra el acto de escribir.

Pero en «(Club náutico a cien metros)» también se habla de otro asunto al que ya he aludido: hay algo quieto, amarrado, que no puede relinchar ni, por decirlo así, cumplir sus potencialidades –de poema, de caballo– y que, frente a lo que fluye –la vida, el río–, «agacha / la cabeza». Esa impotencia del caballo es como la impotencia de la escritura para superar el desafío de mantener el movimiento de la vida con unas palabras que están quietas. A veces hace falta que irrumpa lo real, superar los límites del marco; otras veces son los límites del pensamiento lo que se supera. En ambos casos tenemos la sensación de que la obra está quieta y, sin embargo, se mueve.

A ROMA SEPULTADA EN SUS RUINAS

Buscas en Roma a Roma, ¡oh peregrino!,
y en Roma misma a Roma no la hallas:
cadáver son las que ostentó murallas
y tumba de sí proprio el Aventino.

Yace donde reinaba el Palatino
y limadas del tiempo, las medallas
más se muestran destrozo a las batallas
de las edades que blasón latino.

Solo el Tibre quedó, cuya corriente,
si ciudad la regó, ya sepoltura
la llora con funesto son doliente.

¡Oh Roma!, en tu grandeza, en tu hermosura,
huyó lo que era firme y solamente
lo fugitivo permanece y dura.

Acabo de comentar, en relación con el poema de Bravo Varela, que llamar a distintas cosas con el mismo nombre puede generar cierto movimiento. Diría que este soneto de Quevedo, escrito en el siglo XVII, empieza planteando esa idea para hablar sobre el cambio y la permanencia: «Buscas en Roma a Roma». Las dos ciudades, la que uno transita y la que uno desea encontrar, son cosas distintas: representan el presente y el pasado, lo real y lo imaginario o muchas otras cosas que podemos pensar, pero sobre todo representan una relación, la de «dos fuerzas en oposición». Y se constata, de paso, que una Roma puede ocultar otra.

Encontramos también aquí el río de Armand (que es el río de Jorge Manrique) y el de Bravo Varela. ¿Todos esos ríos son el mismo río? Si nadie puede meterse dos veces en el mismo río, es porque ni la persona es la misma ni el río es el mismo. No existe, por lo tanto, «el mismo río». De hecho, Heráclito tuvo un discípulo llamado Crátilo que afirmaba que ni siquiera podemos entrar en el río una vez: el río fluye de tal modo que nunca está ahí. Por supuesto, todos sabemos que el río sigue ahí, pero lo que podría desprenderse de esto es que el concepto de río, la palabra «río», nunca va a poder captar el movimiento del río. El río fluye, pero cuando lo nombramos, cuando lo encerramos en una palabra, deja de fluir. Crátilo concluyó que no puede decirse nada y que habría que renunciar al lenguaje y limitarse a mover el dedo. Otra opción, me parece a mí, es mover las palabras: forzar el lenguaje de modo que capte algo del movimiento que se da en el plano de lo real. Una manera de hacerlo sería tener un nombre para la dimensión dinámica del río y otro para su dimensión estática (ya lo comenté antes: el hecho de que algo tenga varios nombres nos ayuda a percibir su pluralidad esencial). Y también, entonces, para lo dinámico y lo estático de cada cosa.[1]

En realidad ya tenemos un nombre para la dimensión estática y la dimensión dinámica del río: cauce y caudal. El río es las dos cosas, y representa lo

1. En la cultura japonesa, algunas personas tienen al menos dos nombres: uno que se les pone al nacer y uno que se les pone al morir. Podríamos interpretar esto de muchas maneras, pero lo que me interesa aquí es pensarlo como una forma de señalar la diferencia entre lo que está en movimiento, cambiando, y lo que está quieto y ha dejado de cambiar; o la diferencia entre lo que pertenece al ámbito de lo real, lo tangible, y lo que pertenece al ámbito de las ideas; o lo que existe en presente y lo que existe en pasado. Hablando del *I Ching*, Eugenio Montejo comenta «la identificación del día y la noche como una misma cosa» y explica que «en el primer segundo que sigue al mediodía, la noche ha comenzado». Es decir, la palabra «noche», si incorporamos la idea de proceso a nuestra forma de pensar, puede incluir muchas horas de luz.

que no es igual ni siquiera a sí mismo, lo que cambia tanto con el tiempo que debería tener más de un nombre, y también representa lo que permanece. El río quizá no represente el devenir, sino la síntesis del devenir y la inmovilidad.[1] Esta síntesis medio impensable es equivalente, me parece, a la imposibilidad de captar la realidad. Lo que queda, lo único permanente, es lo que se va (como en el poema de Armand hay «despedida y presencia»). Eso tal vez sea, al mismo tiempo que una constante fuente de dolor, frustración y melancolía, lo que le da a la vida –y a Roma– su grandeza y su hermosura

Este poema, uno de los más conocidos de nuestra lengua, es una versión de un soneto escrito en latín por Giano Vitale el siglo anterior y que empieza diciendo «Qui Romam in media quaeris nouus aduena Roma, / Et Romam in Roma uix reperis media» [Tú que, recién llegado, en medio de Roma buscas a Roma / y en medio de Roma a Roma apenas encuentras] y concluye así: «Disce hinc quid possit Fortuna, immota labascunt / Et quae perpetuo sunt agitata, manent» [Aprende aquí el poder que tiene Fortuna; lo inmóvil acaba cediendo / y lo que está en perpetuo movimiento permanece]. Quevedo, por cierto, no fue el único que hizo una versión

1. El peregrino, por su parte, es alguien que se está moviendo. Dice el diccionario en su primera acepción: «Que anda por tierras extrañas». Puede tratarse de las tierras extrañas donde «casi hemos / perdido el lenguaje», como vimos en los versos de Hölderlin que mencioné al principio.

de este poema; nos han llegado muchas, algunas bastante anteriores.[1] Ya vimos que pasaba lo mismo con el soneto de Lope. El hecho de que distintos poetas, en distintos momentos, vayan recogiendo una idea o unas palabras y haciendo variaciones a partir de ellas es una buena demostración del tema que estamos viendo: la idea se mantiene viva gracias a que muta.[2]

Convencionalmente, la música, como la poesía, funciona en un marco temporal que se encuentra al margen de lo real. Como en un poema, en una pieza musical no hay nada antes del comienzo ni después del final. Es una totalidad que, por decirlo así, no se relaciona con la naturaleza y crea su propio tiempo. Una novela, en cambio, se basa en una concepción compartida y previa del tiempo.

Por otro lado, los sonidos de los instrumentos no existen en la naturaleza ni en ningún ámbito fuera

1. La más conocida es la que publicó Joachim Du Bellay en 1558, cuyos primeros versos dicen «Nouveau venu, qui cherches Rome en Rome / Et rien de Rome en Rome n'aperçois» [Recién llegado, que buscas a Roma en Roma / y nada de Roma en Roma encuentras] y que termina de este modo: «Ce qui est ferme, est par le temps détruit, / Et ce qui fuit, au temps fait resistance» [Lo firme es destruido por el tiempo / y lo que huye, al tiempo se resiste].

2. La palabra «mutar», por cierto, viene de *mutare*, que significa «cambiar», pero también «moverse» (ambos sentidos siguen presentes en otro término derivado: «mudar[se]»).

del musical; esto supone ya un claro límite que señala su separación de lo real. Hay muchos otros marcos muy explícitos para limitar el ámbito de la música; uno de ellos, ya mencionado, es el escenario: lo que viene del escenario es música, lo que viene de fuera es ruido. Otro es la competencia técnica del instrumentista: si sabe tocar, lo que hace es música; si no sabe, lo que produce es ruido.

En cualquier caso, la tensión de la que habla Gadamer puede tener que ver con que todo poema, aunque sus límites estén muy claros, está generando un trasvase con lo real, porque el lenguaje *sí* existe en la «naturaleza» y fuera del ámbito de la poesía: es, de hecho, el elemento esencial de la naturaleza humana, que es esencialmente paradójica: la naturaleza del ser humano es la cultura, es decir, lo artificial. Los materiales convencionales de la música –el sonido del piano o del oboe–, repito, solo existen en su mundo, mientras que los materiales de la poesía –las palabras– existen también en otro mundo y arrastran infinidad de emociones, ideas, sensaciones y recuerdos, pero sobre todo ponen dos mundos en contacto y generan cierta fricción entre ellos.

Recordemos la frase de Cézanne: «El camino hacia la naturaleza pasa por el Louvre, y el camino hacia el Louvre pasa por la naturaleza». Aquí se dice que pintar implica una actitud orgánica, pero también que para mirar con naturalidad hace falta educar la mirada, que la espontaneidad se aprende y se cultiva. Oscar Wilde también aborda el tema con una frase característicamente provocativa:[1] «La naturaleza imita al arte». Hans Hoffman, que había sido maestro de Pollock, le recomendó que trabajara más desde la naturaleza. «Yo soy la naturaleza», contestó Pollock.[2]

En un sentido muy material, los límites del poema son el espacio en blanco que lo rodea sobre la página. Mallarmé, que también aparece mencionado en el poema de Harwood, introduce ese límite «externo» en el interior del poema en su revolucionario «Una tirada de dados jamás abolirá el azar». En este texto, las palabras se colocan sobre la página siguiendo principalmente un criterio visual y quedan separadas por grandes espacios en blanco, de modo que el marco irrumpe entre ellas, haciendo que los lectores tengan que montarlas, acercándolas o alejándolas: moviéndolas.[3] Esto no es muy distinto de lo que sucede con los blancos de las obras de Mondrian –que llamaba a sus retículas *Composiciones*–, y en *4'33"*, cuando

1. Las provocaciones de Wilde, también característicamente, ocultan verdades profundas; sus aparentes trivialidades muchas veces se acercan a la «idea suprema de profundidad».

2. Por supuesto, también esta idea tiene antecedentes. Paul Klee escribe en 1905 que ante la pregunta «¿Te gusta la naturaleza?», su respuesta es: «¡Sí, la mía!».

3. Lo mismo sucede con uno de los recursos clásicos de la poesía, el hipérbaton, que pide a los lectores que reordenen las palabras en su cabeza, como cuando Quevedo escribe «cadáver son las que ostentó murallas» y, tras cambiar las palabras de lugar, pensamos «las murallas que ostentó son cadáver».

lo que rodea la obra se desplaza al centro de esta. También Armand hace algo parecido con esas repeticiones que, como ya comenté, funcionan como huecos, como interrupciones en el discurso: «mar», «mar», «sal», «olas», etc. Son el paisaje que entra, el entorno, el marco que rodea al sujeto y a su despedida eterna; el paisaje que, en determinadas situaciones, pasa a formar parte del sujeto.[1] Son, también, como los silencios que la Luna impone en la obra de Beethoven. Cuando el poema no se ve sino que se oye, los límites son el silencio que lo rodea. Entonces lo que irrumpe es el silencio. Pero alrededor no tiene por qué haber silencio, también puede haber ruido. Entonces irrumpe el ruido.

Ambrose Bierce define el ruido como «música sin domesticar». Lo dice en broma, pero unas décadas más tarde muchos músicos parecen tomarlo al pie de la letra: no solo logran escuchar ciertas cualidades musicales en el ruido, sino que valoran especialmente el hecho de que no esté domesticado. Pero mucho más importante que esa escucha de cualidades musicales en el ruido es que se redefine la música y se sugiere que su esencia son las *relaciones* que se establecen entre los sonidos, sean estos «musicales» o no.

La música concreta, que empieza a desarrollar Pierre Schaeffer en 1948, consiste en emplear graba-

1. Dice De Kooning que «el paisaje está en la mujer y hay mujer en el paisaje».

ciones de *sonidos reales*, es decir, procedentes del exterior del ámbito de la música, para componer una obra. No es muy diferente de lo que hace un pintor cuando incorpora una página de periódico a su lienzo. Cuando Cunningham afirma que estar de pie o caminar son formas de bailar, está insistiendo en la misma idea. Se trata de borrar la distinción entre el arte y la vida. Si los meros sonidos del piano o el oboe, por no existir fuera del ámbito de la música, marcan esa distinción, tal vez convenga prescindir de ellos.

Ya hemos visto que Cage abre sus piezas para que entre el mundo. De otra manera, también lo hacen los músicos que se dedican a la improvisación libre. Plantean una poética de lo imprevisible, resaltan la belleza del devenir, del flujo perpetuo. Esto tiene también una dimensión política: no hay un único punto de vista, se evita el dogma; y una dimensión psicológica: la identidad se percibe claramente como algo construido y, en buena medida, contingente.[1] Hemos visto también que Hegel decía que un artista puede conseguir que «lo esencial brote de lo contingente». A Ashbery le parece emocionante la idea de que cada frase de un poema «podría haber sido escrita de cualquier otra manera».

1. Píndaro, en el siglo V a. C., aconseja: «Llega a ser el que eres». Es decir, entiende la identidad como algo dinámico, en proceso. Por el contrario, cuando Dios afirma «Yo soy el que soy», muestra que su identidad está basada en certezas, es sólida, inmutable, eterna: Él es igual a sí mismo. Dios, por supuesto, no es contingente.

XV

En el *collage* de Joe Brainard, la flecha blanca
No aparece en él, el hambriento médico muerto.
de Marilyn Monroe, con sus dientes blancos
   blanqueados
estoy de verdad muy disgustado porque Marilyn
y me comí unas palomitas marca King Korn»,
   escribió en su
de cristal en el *collage* de Joe Brainard
doctor, pero estas dicen «TE QUIERO»
y el soneto no está muerto.
atraen la mirada y la apartan de las palabras grises,
Diario. El corazón negro junto a los quince trozos
Monroe ha muerto, así que me fui a una matiné a
   ver una peli de serie B
por las manos palpitantes de Joe. «Hoy
Lo que hay en él son dieciséis imágenes rasgadas
no señala a William Carlos Williams.

Este soneto de Ted Berrigan es, por decirlo así, un hipérbaton tremendo. Si el hipérbaton, como acabamos de ver, pide a los lectores que cambien de lugar las palabras de una frase para encontrar un orden más «natural» –el camino hacia la naturaleza pasa por el Louvre–, podemos trasladar esta idea al nivel de los versos, que son aquí lo que hay que reordenar. No resulta especialmente difícil darse cuenta de que los catorce versos están desordenados siguiendo un orden muy estricto: el segundo se ha colocado en el último lugar, el cuarto en el penúltimo, etc. Es decir, la manera «natural» de leer este poema sería empezando por el principio y por el final, yendo hacia el centro desde los dos extremos, bajando y subiendo de forma casi simultánea. En ese sentido, la conclusión «aparente» del soneto es muy pertinente: «no señala a William Carlos Williams», quien, recordemos, dijo que «todos los sonetos significan lo mismo». Este no. Si todos los sonetos significan lo mismo es porque su significado está muy condicionado por su estructura.[1] Un soneto, desde luego, no es simplemente una retícula de catorce versos de alto por once sílabas de ancho. La forma soneto, emblema de la poesía occidental, refleja una cosmovisión en la que el orden, el equilibrio, la simetría y la racionalidad tienen un papel fundamental, y en la que el sentido, lo particular y lo espontáneo se subordinan a lo común, a unas reglas y costumbres heredadas y compartidas. Al tener una estructura distinta, el soneto de Berrigan significa otra cosa. En este sentido, también es muy pertinente la conclusión «verdadera» del poema: «El soneto no está muerto». Desde luego, esto también es un *collage*, y aquí lo esencial brota de lo contingente: el hecho de que el soneto no está muerto se constata al observar que, como este poema ejemplifica, puede seguir moviéndose. Pero es la acción del lector lo que lo pone a funcionar.

1. Me parece demasiado afirmar que forma es contenido, un lugar común que considero atractivo pero contraproducente. Diría que la poesía es un uso del lenguaje en el que la distinción entre forma y contenido deja de ser clara: se difuminan sus límites.

Este poema es el número XV de un libro titulado *the sonnets.* Cuando lo leemos por primera vez, antes de darnos cuenta de que podemos montarlo de otro modo, puede resultar interesante: es muy abierto, nos permite asociar libremente, es extraño, nos hace plantearnos preguntas y fomenta que cada lector active su imaginación. Cuando nos damos cuenta de que el poema tiene una estructura narrativa mucho más racional y coherente, podemos percibirlo como una tontería, una especie de juego infantil y trivial, una adivinanza. Además, el poema LIX de *the sonnets* consiste en estos mismos catorce versos montados «en orden»: 1-14-2-13-3-12, etc. Es decir, el poema XV funciona como una pregunta que después se contesta; algo que se reinterpreta desde el futuro; un presente intensamente desconcertante que, visto con el tiempo, resulta fácil de interpretar. O, por usar unos términos que ya conocemos, «Puede ser importante / esperar al menos un momento para ver qué más había ahí», porque, como se está sugiriendo aquí, un poema puede ocultar otro. Pero ¿realmente el soneto XV oculta el soneto LIX? ¿No preferimos decir que lo muestra? ¿O es el LIX el que muestra el XV? Y sobre todo: ¿es un poema ordenado de dos maneras distintas o son dos poemas?[1] Podemos defender ambas cosas con argumentos razonables y sólidos. Y sin em-

1. Aquí reaparecen ese caballo que son dos caballos del poema de Bravo Varela y la Roma que son dos Romas del poema de Quevedo. Esta duplicación, este «ver doble», es resultado, creo, de mirar desde los dos lados de un límite.

bargo, son dos respuestas contradictorias. Quizá eso forme parte del significado del poema: las fuerzas en oposición, que conceptualizamos como contradictorias, pueden convivir, aunque planteando numerosas preguntas. En este caso, algunas de ellas son: ¿qué es un poema? ¿Cuándo deja algo de ser lo que es y se transforma en otra cosa? Diría que si se modifican sus rasgos esenciales, estamos ante otra cosa, pero ¿cuáles son los rasgos esenciales de algo? ¿No sucede acaso que, con el tiempo y la distancia, lo que nos parecía esencial deja de parecérnoslo? Me dan ganas de decir que en realidad no hay ni uno ni dos sonetos, sino una distancia, un movimiento a través de una distancia, una relación.

El soneto XV puede entenderse como un juego infantil y trivial, pero estas preguntas –que aporto yo, porque no están en el poema, pero se desprenden del poema– ya no me parecen triviales. El soneto LIX no es un juego, pero me imagino que puede resultar demasiado prosaico o provocador, o percibirse como una falta de respeto hacia los sentimientos profundos y «poéticos»: uno se disgusta ante la muerte, se va al cine y se come unas palomitas. Insisto en la idea de Hegel: cierto uso del humor (y la propuesta de Berrigan tiene un claro elemento humorístico) permite que «lo esencial brote de lo contingente» y que «la trivialidad se acerque a la idea suprema de profundidad». Dicho de otro modo: lo banal puede ocultar algo importante, como hemos visto que ocurre con algunas obras de On Kawara y ciertas frases de Wilde. Creo que eso mismo está ocurriendo aquí. Ya nos avisaba Koch: «La vida es sencilla / puede ocultar La vida es increíblemente compleja». Ashbery, como acabo de comentar, disfruta de que cada frase de un poema «podría haber sido escrita de cualquier otra manera». Cada soneto, también, podría tener otro orden. Por una especie de jurisprudencia poética, el hipérbaton legitima este enfoque. En cualquier caso, el soneto XV de Berrigan significaría algo muy similar si su contenido temático fuese distinto. Buena parte de su contenido esencial brota de lo contingente; con palabras distintas podría plantearse exactamente la misma relación que hay entre los sonetos XV y LIX.

Quizá esta relación suponga, de alguna manera, anular el tiempo:[1] se conectan el momento de la lectura del soneto XV y el de la lectura del soneto LIX. Y una vez más, nos encontrarnos con una pregunta: ¿cuál fue primero «en realidad»? Sin duda, tendemos a pensar, el LIX. Pero en el libro se presenta primero el otro. El desorden cronológico –que se podría calificar de «temporalidad subjetiva»–, por lo tanto, puede llevarnos muy lejos, donde no llega una narración ordenada y «natural». Es como si, además de lo que el poema dice literalmente, estuviera sugiriendo que para entender la realidad hace falta cuestionar la lógica lineal del tiempo. En otro soneto del mismo li-

1. Esta idea de anular el tiempo me recuerda a un comentario de Pollock, que dice que su arte aspira a ser «movimiento hecho visible, recuerdos detenidos en el espacio». También, claro, a lo que comenté sobre la obra de De Kooning borrada por Rauschenberg.

bro, Berrigan escribe: «Lo que vaya a pasar ya está pasando».

Mondrian, recordemos, afirma que la visión subjetiva «empaña la verdadera realidad» y nos separa de la naturaleza. En el campo de la música contemporánea hallamos ideas similares. Enrico Fubini habla en estos términos sobre la música electrónica: «Ya se ha hablado antes de retorno a la naturaleza, al estado originario del sonido; pues bien, casi paradójicamente, a través de complejos equipos, fruto de la técnica más refinada, se volvería a descubrir la naturaleza, el sonido en estado puro, naciente». Fubini afirma también que, a partir de los años cincuenta, los compositores de la tradición europea consideran «al ejecutante y, en cierto modo, también al oyente como un campo de posibilidades dentro del cual deberá operarse una elección que incidirá sobre la obra», que deja de ser algo fijo para convertirse en «una forma orgánica», un objeto que funciona como la naturaleza. En un ámbito donde todo estaba escrito y controlado por el compositor, muchos músicos ceden espacio a los intérpretes, que intervienen, de distintas maneras y en distinto grado, en la creación de la pieza y no se limitan a ejecutarla. Pierre Boulez, por ejemplo, considera que hace falta «deshacerse de la idea de que una obra de arte es una trayectoria sencilla que transcurre entre la partida y la llegada [...], que puede reproducirse siempre idénticamente», unas palabras que podrían haberse escrito para hablar del soneto de Berrigan que acabamos de ver. Así, mediante el recurso a la intervención de subjetividades ajenas, o al empleo de sonidos electrónicos, se reduce el nivel de subjetividad del autor. Esta idea de obra abierta para que entre la vida es exactamente a lo que se refiere Mondrian en un artículo de 1927 en el que compara las aspiraciones del jazz y el neoplasticismo y en el que habla de «romper con la forma individual y con la emoción subjetiva: para no manifestarse ya como "belleza" y sí como "vida", una vida realizada a través del puro ritmo, que expresa la unidad por el hecho mismo de no ser algo cerrado».

Gisèle Brelet, por su parte, caracteriza así la música contemporánea: «Arte del tiempo, la música no encuentra su estructura definitiva más que en la actualidad del tiempo vivido». Según Fubini, esta actualidad se refiere a la «duración psicológica» y Brelet quiere decir que la música «saca a la luz esa especie de armonía preestablecida entre el mundo y el yo».

William Wordsworth también quiere sacar a la luz esa armonía, superar el límite que separa al ser humano de la naturaleza. Pero la sensación de unidad al conseguirlo también es característicamente efímera: en su poema «Nutting», Wordsworth relata un intenso paseo solitario por el bosque durante el cual de repente se vuelve loco y se pone a romper las ramas de los árboles.[1] El texto tiene connotaciones sexuales (los ave-

1. Siempre pensé que el título del poema aludía en primer plano a «recoger frutos secos», pero también a «enloquecer».

llanos se alzaban «altos y erectos»; se habla de una «escena virgen») y se interpreta como una violación a la naturaleza con la que había alcanzado la unidad. «Tuve una sensación de dolor al contemplar / los silenciosos árboles», leemos cerca del final. De manera similar, en la «Oda a un ruiseñor» de Keats, la fantasía de comunión creada por el canto del ave se desvanece cuando uno se descubre a sí mismo empleando cierta palabra: «Esa palabra es como una campana / cuyo tañido me separa de ti y me devuelve a mi yo solitario».

Otro poeta romántico inglés, Samuel Taylor Coleridge, aporta una reflexión que sirve para mostrar que las ideas que expone Fubini reflejan un deseo muy antiguo. Coleridge distingue entre forma mecánica y forma orgánica. La primera es predeterminada, «no surge de las propiedades del material», como por ejemplo la forma soneto, que es igual independientemente del tono, el origen o el tema de cada poema; la forma orgánica, en cambio, «se va moldeando a medida que se desarrolla», como por ejemplo la forma de los poemas de Harwood o Koch.[1] Ningún otro poema

---

Sin embargo, al revisar este texto descubrí que esa segunda acepción data del siglo XX, aunque algunas fuentes indican que la expresión «to be nuts on someone» (con el sentido de tenerle cariño a alguien) se emplea, al menos, desde 1785, es decir, unos pocos años antes de que Wordsworth escribiera el poema. La palabra «nuts» tiene además el sentido de «testículos», que igualmente podría encajar con el poema, pero esta acepción también parece posterior a la época romántica.

1. Wordsworth aspira a la unidad entre el yo y la naturaleza (también podríamos decir: entre la cultura y la naturaleza,

tiene esa forma. También en ese nivel, estos poemas reflejan el momento de su creación, su carácter particular,[1] vivo, su condición de «trayectoria».

Berrigan, en su soneto XV (o en la trayectoria que va del XV al LIX), ofrece una forma que está predeterminada pero también es nueva y particular, es decir, se coloca simultáneamente a los dos lados de la frontera que separa las formas mecánica y orgánica. O, si preferimos verlo así, crea un espacio en el que no existe esta clase de barreras.

En el ámbito del teatro, como ya hemos visto, ha habido numerosos intentos de abolir la distinción entre el escenario y el mundo, o al menos de trabajar con ella. Antonin Artaud, con su *teatro de la crueldad*, quiere mostrar «la identidad metafísica de lo concreto y lo abstracto» y subrayar la unidad de lo real. Como también hemos visto que harán otros artistas de otras disciplinas, critica las «preocupaciones meramente utilitarias, o podríamos decir alimenticias» del lenguaje. No le interesa el arte que sirve para hacer transacciones, sino «el dinamismo de la acción», que, como expresa claramente en el siguiente

---

siguiendo a los románticos alemanes) y Coleridge aspira a la unidad entre forma y contenido. Igual que en un buen poema se difumina el límite entre estas dos cosas, la «verdadera vida» consistiría en alcanzar aquella otra unidad.

1. William Blake, también a comienzos del siglo XIX, escribía que «quien desee tener una visión, ver una totalidad perfecta, / deberá verla en sus mínimas particularidades».

pasaje, genera una comunicación más real, aunque el sentido no termine nunca de asentarse: «Suprimimos el escenario y la sala, que serán reemplazados por una especie de lugar único, sin división ni barrera de ningún tipo,[1] y que se convertirá en el teatro de la acción.[2] Se reestablecerá una comunicación directa entre el espectador y el espectáculo, entre el actor y el espectador, gracias a que el espectador, situado en medio de la acción, queda envuelto y atravesado por esta».[3]

He comentado diversas formas en que artistas de diversas disciplinas intentan reducir la subjetividad de sus obras pensando que si el arte ha de ser autónomo, un espacio de libertad, tendrá que liberarse no solo de las imposiciones de la mímesis y de la claridad comunicativa, sino también de las imposiciones de su autor. Podríamos ahora preguntarnos si lo que entra en el poema de Harwood, lo que interrumpe el discurso y provoca su abandono, eso que yo llamé «lo

1. Es, una vez más, lo que plantearán tan explícitamente las banderolas de Daniel Buren.

2. No sé si hace falta señalar la proximidad a la «pintura de acción» de la que hablaba Rosenberg. La propuesta de Artaud es de 1938, es decir, bastante anterior a la de Rosenberg.

3. Podríamos decir que la comunicación que propone el arte es entre el «instinto de juego» del emisor y el del receptor, volviendo al término de Jung. O, más en general, entre el inconsciente de uno y otro. No se comunican los yoes, sino lo que hay debajo o detrás de ellos.

real», no es en realidad la subjetividad del autor; si no es lo mismo que sucede cuando Koch, en «Un tren puede ocultar otro», se pone a hablar momentáneamente de su mujer.

Creo que si los discursos sobre que una cosa puede ocultar otra (Koch) o sobre lo que uno ha leído (Harwood) son atribuibles al yo poético, lo real –que los interrumpe en ambos casos– es el autor. Es como si en el escenario el actor se quita la máscara y se pone a hablar en su nombre: la función queda interrumpida. En estos dos poemas, por supuesto, la interrupción de la función es parte de la obra. Es la parábasis, pero provocada por un exceso incontrolable de subjetividad (o por un simulacro de esto).

Lo que pasa es que todo yo es un yo poético. Quiero decir que si «la personalidad no es más que un error persistente», porque el yo está en constante movimiento y tiene siempre la naturaleza de un personaje –o de varios–, deberíamos considerar que cada yo «real», cada vez que dice algo, tiene una voz relativamente independiente de la de quien podríamos llamar «el autor» (un individuo estable, coherente, que toma decisiones racionales, controla el sentido y está investido de cierta autoridad). «Yo es otro», escribió Rimbaud. Jorge Luis Borges desarrolla esta idea en una de sus direcciones posibles en «Borges y yo», un texto que muestra el desdoblamiento de «Borges», el conocido escritor, y «yo», el yo poético con el que el autor parece identificarse. Cuando ese sujeto intenta librarse de «Borges» modificando su escritura, es decir, moviéndose («pasé de las mitologías del arrabal a los juegos con el tiempo y con lo infinito»), «Borges» se apropia de esos nuevos temas. «Mi vida es una fuga», dice, antes de concluir: «No sé cuál de los dos escribe esta página».[1]

Esa duda quizá tenga que ver con que no hay un único lugar desde el que mirar: en el texto, «Borges» es Borges tal como lo ven desde fuera, y «yo» es Borges tal como él se ve desde dentro. Se muestra aquí que el límite que separa esas dos miradas, la interior y la exterior, no es impermeable, y que esto, que es una riqueza, también genera un conflicto. «Yo» es obviamente el yo poético de este texto, pero podemos añadir que el apellido «Borges» es el yo poético de Borges, fuera del texto (si la lectura se está volviendo un poco enrevesada, pido disculpas, aunque pienso que no es cosa mía, sino de Borges).[2] En cualquier caso, una de las múltiples ideas que pueden extraerse de

1. En *Seis personajes en busca de autor*, cuando los personajes desplazan a los actores «reales» y se apoderan del escenario, alguien dice: «Empiezan a sonarme falsas hasta mis propias palabras».

2. Y podemos enrevesarla más con una nueva *correctio*: no es tan obvio que «yo» sea el yo poético de este texto. Borges juega a que «yo» es quien piensa o siente algo y «Borges» es quien lo escribe (señalando ese salto que tanto me interesa y que va del impulso a la creación, o del proceso al producto), de modo que es difícil decidir de dónde vienen las palabras. Por eso termina diciendo: «No sé cuál de los dos escribe esta página», que es como decir «no sé quién habla por mi boca» o «no sé quién soy».

esta página magistral es algo que, en alguna medida, sabe cualquier poeta: que el yo poético es con frecuencia mucho más real –más verdadero, pero también más sólido– que el yo. En la escritura podemos, como quería Píndaro, llegar a ser lo que somos, lo que no se nos permite o no nos permitimos ser fuera del texto.[1]

1. Todo ese yo que uno no puede ser en la relación con los demás –o con uno mismo–, por vergüenza, por miedo, por responsabilidad, por falta de costumbre, porque no sabe cómo, todo eso que no se puede decir, aparece con frecuencia en los poemas. Podemos teorizar que lo dice un personaje que llamamos «yo poético», pero es mucho más interesante asumir que ahí habla, por fin (aunque se oculte tras una máscara), el yo. Tal vez por eso en la obra de Pirandello se diga que los personajes son «menos reales, quizá, pero más verdaderos» que los actores. Tal vez la vergüenza, el miedo, la responsabilidad o la falta de costumbre sean lo que nos impulsa a (tras la máscara de la teoría) suprimir ese yo secreto, proscrito, y atribuir sus palabras –sus ideas, emociones, puntos de vista– a un personaje. Sé que es una hipótesis un tanto delirante, y me gusta por eso.

«Mis versos son mi diario», escribe Marina Tsvietáieva. En la misma línea, Gustave Flaubert dice: «Con mi mano quemada ya tengo derecho a escribir sobre la naturaleza del fuego». Paul Klee, en cambio, afirma: «Mi mano es absolutamente el instrumento de una voluntad lejana». Son dos actitudes tan distintas que parece absurdo pensar que no producen resultados distintos. Quiero decir que la posición que adoptemos con respecto al yo poético, o a quién habla en un poema, o a de dónde viene el poema, me parece fundamental: no solo afecta, como es obvio, a la lectura, sino también a la escritura.

Michel Tapié dice que «en las experiencias colectivas, el individuo no es él mismo». Esto, que para él supone un problema, es precisamente lo que busca la improvisación libre: acabar con la «interferencia lírica del individuo», en palabras de Olson, o la «visión subjetiva», en palabras de Mondrian. Y es también lo que buscan los grupos de artistas que defienden la creación colectiva y anónima. Los situacionistas, por ejemplo. Guy Debord propone crear, más que obras, «situaciones», es decir, «ambientes colectivos, un conjunto de impresiones que determinen la cualidad de un momento», y actuar sobre las ciudades y no en los museos.

En el yo poético, por decirlo de algún modo, se disuelve el yo. El yo es aquello que, como vimos que ocurre en «Nutting», el poema de Wordsworth, contempla la naturaleza sin poder formar parte de ella; la disolución del yo, en cambio, permite alcanzar cierta clase de unidad: es la disolución de un límite. Por eso Hakuin Ekaku escribe que «cuando nos olvidamos de nosotros mismos, somos el universo». En ese olvido desaparecemos y solo queda un proceso en un espacio imaginario, mixto (como una retícula, o una obra de Rothko o de Pollock).[1] El concepto del yo poético

1. Como Wordsworth y Ekaku rompen, aunque sea temporalmente, la distinción entre el sujeto y lo que lo rodea, las

también implica sustituir una ilusión por otra: no es el autor quien habla, es un personaje, o quizá habría que decir otro personaje, de modo que el deseo de librarse de la «interferencia lírica del individuo» no puede satisfacerse en el concepto de yo poético, ya que la interferencia lírica de un individuo es reemplazada por la de otro.

Pero también se puede criticar este concepto porque presupone que en el poema hay una voz, cuando esto no es cierto: no tiene por qué haber un lugar de enunciación. Hay textos –poemas, obras de arte– en los que no hay una voz, o que al menos nos permiten apreciar que la presencia de esa voz tiene varios grados y matices, que no es una cuestión binaria. Michel Foucault habla de una escritura que consiste en «la apertura de un espacio en el que el sujeto que escribe desaparece incesantemente». Esa desaparición no es un mero ponerse una máscara o cambiar el lugar de enunciación.

Por supuesto, no pienso que quien habla en un poema sea necesariamente el autor, pero establecer un límite claro y estable entre este y el yo poético me parece de un maniqueísmo extremo: así, cada cosa

---

retículas rompen la tradicional organización jerárquica que distingue entre figura y fondo, cosa que también hace el expresionismo abstracto con su valoración de la superficie. Recordemos la frase de De Kooning: «El paisaje está en la mujer y hay mujer en el paisaje».

queda bien ordenada, todo se halla en su lugar, y el autor y el personaje –lo real y lo imaginario– no se contaminan. Pero la relación entre la realidad y la imaginación es mucho más sucia, la escritura es mucho más sucia, aparecen en el personaje rasgos del yo, a veces rasgos del yo de los que uno no era consciente.[1] En el personaje está el autor. Por eso los personajes de Kafka no se parecen a los de Proust. Los personajes de Shakespeare tienen algo en común: tienen en común a Shakespeare. Lo mismo les pasa a los de Lispector, Thomas Bernhard o Woolf. Los personajes de cada escritor tienen una manera de existir en el lenguaje que los vincula entre sí y los distingue de los personajes de los demás autores. Algo parecido pasa o puede pasar con los poemas. Eso delata al menos cierta presencia del autor en el yo poético.

Puede haber una compleja y muy variable convivencia de sujetos en la voz que habla en un poema. Lo mismo pasa en el yo. El yo es problemático, inestable, y también lo es el concepto de autor, como queda claro en «Borges y yo». El autor de ese texto, por decirlo así, no es Jorge Luis Borges, sino Jorge Luis Borges en cuanto autor de ese texto: es una mezcla de voces que la idea del yo poético deja de lado.

El concepto del yo poético es útil y necesario, pero me parece también peligroso, ya que, si nos lo creemos con demasiada firmeza, nos impide ver que el autor, al fin y al cabo, también es ficticio: su iden-

1. Hay que decir que a veces también aparecen en el yo rasgos del personaje.

tidad también es una construcción, como la de cualquier sujeto. En este caso, una construcción realizada por medio del texto; el autor, en cuanto autor, existe porque existe un texto. El poema crea un personaje, el yo poético, que existe solo dentro de su marco, pero el poema también sale del marco e irrumpe en lo real para crear ese otro personaje que es el autor.[1]

Todo esto implica que hay muchas relaciones posibles entre el autor y el poema. Desde luego, uno no se identifica necesariamente con lo que dice su poema, pero tampoco con lo que dice en una conferencia o en un bar o durante el desayuno. Y eso no hace que lo que uno dice sea menos propio ni menos real.

Y al margen de las numerosas y cambiantes voces que hay en cada uno de nosotros, están todas las que aporta el lector. Por otro lado, estamos en una tradición, la de la poesía lírica, que en sus orígenes tenía que ver con la expresión de lo íntimo de quien canta o escribe. Sí, las tradiciones cambian y aquí estamos a favor del cambio, pero ese fantasma –el fantasma del yo– sigue acechando en todo poema: forma parte de la idea que tenemos de lo que es un poema, aunque solo sea porque forma parte de la idea que tenemos de lo que cierta gente cree equivocadamente que es un poema.

1. Igual que el texto crea –escribe– al autor, Dante llama a la Virgen «hija de tu hijo». Es un movimiento parecido al de «Buscas en Roma a Roma» en el sentido de que la misma palabra aparece con un valor literal y un valor figurado.

Para Platón y Aristóteles, la poesía lírica es aquella en la que el poeta habla con su propia voz; esto es lo que la distingue del teatro, en el que el autor adopta voces ajenas, y de la narración épica, en la que ambas modalidades se combinan. Es decir, lo lírico queda asociado con un alto grado de subjetividad. Por supuesto, esta asociación basta para que numerosos poetas traten de ir más allá, de salirse del marco de lo que se supone que es la poesía. Quizá Mallarmé sea quien mejor representa ese deseo. «La obra pura», dice, «implica la desaparición elocutoria del poeta, que cede la iniciativa a las palabras», y propone componer un poema que no contenga nada más que poesía.[1]

George Steiner explica que para Heidegger el «poema auténtico, inmensamente raro» es aquel «donde el poeta no es una *persona*», es decir, una subjetividad que ejerce un dominio sobre el lenguaje, sino una «apertura» cuyo resultado «no es tanto un texto como un "acto"», un «llegar al Ser». Son términos e ideas que ya nos hemos encontrado aquí. El concepto del yo poético es importante en el contexto de este libro porque si consideramos que quien habla es el autor, se difumina el límite entre el poema y lo real, mientras que si consideramos

1. Valéry le contestará que «componer un poema que no contenga nada más que poesía es imposible». A mí me parece más interesante preguntarse si sería deseable.

que quien habla es un personaje, ese límite se acentúa. Por supuesto, esto muestra cuánto depende de los lectores, y muestra también la complejidad que acarrea el mero hecho de hablar. En cuanto hablamos, al menos en alguna medida, dejamos de ser quienes somos y nos convertimos en personajes. Nos traicionamos. El uso del lenguaje es el gesto con el que el ser humano, al inscribirse en la cultura, traiciona a la naturaleza: el yo cultural se separa del yo natural y comienza el anhelo de esa mítica unidad perdida.[1]

Cuando hablé de la parábasis, dije que los actores hablan «en nombre del autor». Explicitar que el texto tiene un autor es señalar su condición ficticia, pero también es saltar a otro nivel de realidad, desplazarse al exterior de la obra. El yo poético pertenece al nivel de realidad de lo que está dentro del marco o sobre el escenario, o de lo que ocurre en ese mundo autónomo que suele ser un poema; el autor, en cambio, está fuera. Por eso cuando en los poemas aparecen nombres de otros poetas –Mallarmé, Denby, Prince y Berrigan en el de Harwood, o Williams en el de Berrigan–, poetas que quien habla ahí ha leído o conoce personalmente, es como si se nos dijera que la voz que oímos no es la de un yo poético sino la del autor, cosa que disuelve la distinción en-

1. Recordemos los versos de Keats: «Esa palabra es como una campana / cuyo tañido me separa de ti y me devuelve a mi yo solitario». Yo añadiría que *cualquier* palabra nos separa del ámbito de la naturaleza.

tre dentro y fuera y coloca el texto y la vida en un mismo plano. Tal vez se trate así de recuperar esa unidad utópica.

En la mitología griega hay un personaje llamado Momo que encarna la burla, el sarcasmo y la ironía. Se lo suele representar quitándose una máscara para mostrar su verdadero rostro, es decir, despojándose de lo artificial y asumiendo su naturaleza, en un gesto que tienen en común muchas de las obras que estoy comentando. En una ocasión, Momo fue convocado por Zeus, Prometeo y Atenea para que juzgara sus respectivas obras. Zeus había hecho un toro, y Momo lo criticó diciendo que tendría que haberle puesto los ojos en los cuernos, para que viera mejor lo que atacaba. Prometeo había hecho un hombre, y Momo lo criticó diciendo que tendría que haberle puesto el corazón fuera del cuerpo, para que pudiera ver sus propios defectos. Estas dos críticas tienen mucho que ver con algunas de las cuestiones que hemos visto aquí: se trata de entender mejor los objetos que miramos, pero también de conocerse a uno mismo. En cualquier caso, mi parte favorita de esta historia es la crítica de Momo a la casa que había construido Atenea: dice que le tendría que haber puesto ruedas para que se pudiera trasladar si a uno no le gustaban sus vecinos. Es decir, la propia casa, el espacio de la intimidad y de aquello con lo que nos identificamos, debería estar provisto de la posibilidad de cambiar de lugar. Lo que descubre Momo son las ventajas del movimiento. No es casualidad que fuera el patrón de los poetas.[1]

Comenté antes que las comillas, a veces, funcionan como un marco que coloca una palabra en otro nivel, que la separa de las demás subiéndola a una especie de escenario que nos indica que estamos hablando de ella, no usándola. Pienso ahora, gracias a Momo, en las comillas irónicas, que también establecen un límite entre unas palabras y otras, pero esta vez el marco nos indica que no debemos tomarnos lo que contiene literalmente (sino, por lo general, en el sentido contrario). Rousseau lamenta que no haya algún modo de señalar la ironía en la escritura. Nietzsche dice que la escritura «demanda ante todo procedimientos de reemplazo para los modos de expresión que únicamente posee el hablante: gestos, acentos, timbres, miradas». La poesía, opino, es uno de esos procedimientos de reemplazo.

Hegel habla de un desarrollo dialéctico en el que en primer lugar se valora la objetividad, en segundo lugar se valora la subjetividad y en el momento de la

1. Cixous, hablando también de la contradicción y el dinamismo y su relación con la escritura, afirma: «Hacemos lo que acabamos de decidir que no haremos. Somos el lugar de una infidelidad estructural. Para escribir tenemos que ser fieles a esa infidelidad».

síntesis se supera la oposición entre ambas y se logra un autoconocimiento que integra esos dos conceptos asumiendo su carga de realidad.[1] Creo que esto no es muy distinto del cuestionamiento del límite entre el autor y el yo poético que acabo de hacer.

La neutralidad y el rechazo de la subjetividad autorial (que es un rechazo de la autoridad) conllevan, por otra parte, la irrupción del lector, que construye el sentido dialogando con el texto, lo cual es una manera de hacer que irrumpa lo real, que lo que está fuera de la obra atraviese el marco, que lo que está fuera del lenguaje reordene o desordene las palabras y los versos del poema. Dicho de otro modo: lo que pasa con el soneto de Berrigan, de un modo absolutamente consciente y explícito, es lo que pasa con cualquier poema.

En *La paradoja del comediante*, Denis Diderot defiende que los actores deben prescindir de su subjetividad, no identificarse con el personaje que van a interpretar (lo cual tiene que ver con las propuestas de Hegel y de Brecht), y cuenta que, al escuchar a una magnífica actriz declamar un texto suyo, Voltaire se preguntó: «¿Soy yo el que ha hecho eso?». Pero aunque se identifique en todo momento con sus propias palabras, es posible que, al ceder el control (por

1. A algo parecido se refiere Johann Georg Hamann cuando, unos años antes, escribe: «La claridad es un reparto apropiado de la luz y la sombra».

ejemplo, a una intérprete), el autor desaparezca en alguna medida. Podríamos decir que esta es la paradoja del autor.

Karlheinz Stockhausen es un compositor que, como Boulez, renuncia al control absoluto de la obra para compartirlo con los intérpretes de su música. En un poema que les dirige para explicarles su enfoque, dice, por ejemplo: «Yo no hago MI música, sino que / transfiero las vibraciones que capto; / funciono como un traductor». Y añade que, al componer en la disposición adecuada, «dejaba de existir».[1]

En 1967, Barthes publica su conocido artículo «La muerte del autor», en el que explica que «la escritura es la destrucción de toda voz, de todo origen», «ese lugar neutro» en el que, como sugería Voltaire, no se sabe –nunca se podrá saber– quién habla. Ya hemos visto que Mallarmé decía que «la obra pura implica la desaparición elocutoria del poeta, que cede la iniciativa a las palabras». Schlegel también escribió sobre «la disolución de los autores» y afirmó que «los hay que se evaporan y los hay que se convierten en agua». La idea viene de lejos, como sabemos: la muerte del autor ya está anunciada desde que Platón habla de los poetas que componen sus piezas «fuera de sí».

1. En el poema en que Christensen dice que es un reloj, también funciona como una traductora y, en cierta medida, deja de existir. Lo mismo sucede con los *White Paintings* de Rauschenberg (recordemos que su autor los consideraba «relojes»): transmiten una información procedente de una exterioridad y, en cierta medida, no existen en tanto cuadros.

Barthes habla de cierta «impersonalidad» por parte del escritor, que le permite alcanzar «ese punto en el que solo el lenguaje actúa». En realidad, esto es una defensa de un tipo de escritura no centrada en el yo o, mejor dicho, que aspira a no ser *consecuencia* de un yo, de unas ideas previas a ella: «No existe otro tiempo que el de la enunciación, y todo texto está escrito eternamente aquí y ahora».

Para Brecht, se trata de que el espectador tome distancia. Para Artaud, el objetivo es anular cualquier distancia. Debord critica la separación entre la obra y el público diciendo que esa es la clave de cualquier espectáculo: colocar al espectador en posición pasiva. Jacques Rancière se pregunta «si no es precisamente el deseo de abolir la distancia lo que la crea». Según él, considerar que el espectador es inactivo es resultado de haber planteado una oposición demasiado extrema entre lo activo y lo pasivo. Rancière propone abolir la oposición entre los conceptos de contemplar y actuar, pues los espectadores también actúan, y afirma que podemos «aprender algo nuevo» si rechazamos la idea de que hay una distancia radical entre la contemplación y la acción, que conlleva una determinada distribución de roles y establece unas fronteras que separan los distintos territorios. Creo que trasladar esta idea al mundo de la escritura supondría disolver la oposición entre autor y lector, y centrarnos en un proceso en el que, aunque ambos le insuflan vida, el protagonista es el texto.

«El problema con la mayor parte de la música del pasado es que la humanidad ha intentado hacer que los sonidos hagan lo que ella quiere que hagan», dice La Monte Young, y propone «permitir a los sonidos ser sonidos», en vez de esclavizarlos «y forzarlos a obedecer nuestra voluntad», cosa que los vuelve «inútiles», ya que «se limitan a reflejar nuestras ideas». Yo diría que el ser humano se ha dedicado a investigar los sonidos, además de a tratar de organizarlos según un concepto previo de lo que debe ser la música, pero en cualquier caso lo que propone Young aquí es –de nuevo– muy similar a lo que sostenía Mallarmé sobre ceder la iniciativa a las palabras. No es solo un intento de no abolir el azar; se trata también de que el artista se baje del escenario y se ponga en el lugar del público; de hacer música o escribir escuchando.

Las mil canciones de McFerrin también se producen escuchando. El objetivo de todo poema podría ser permitir a la gente escuchar los mil poemas que hay en su interior.

Me preguntaba antes si la retícula es un fragmento o una totalidad. Pienso que es las dos cosas. Dice Mondrian: «La expansión visible de la naturaleza es al mismo tiempo su limitación». La expresión «al mismo tiempo» ha aparecido varias veces en este texto: en un verso de Koch («en la prosa de Gertrude Stein / una frase oculta otra y es otra al mismo tiempo»); cuando señalé que su referencia al cruce de vías muestra la existencia de un límite *mientras* lo disuelve; cuando mencioné que la comunicación y el autoconocimiento pueden ser dos dimensiones de un mismo acto; cuando mostré un par de ejemplos de obras que son un producto y el proceso de su creación; cuando dije que un acto puede ser espontáneo y calculador, natural y antinatural; cuando sugerí que un límite separa y articula; cuando comenté que se puede cumplir una orden e incumplirla en un único movimiento; y cuando indiqué que lo real y la obra pueden estar simultáneamente a ambos lados del marco. Un lugar común de la poesía consiste en mencionar el propio poema en el poema, situando el lenguaje al mismo tiempo dentro y fuera del marco.[1]

Lo que hace Pollock –mostrar el artificio, el carácter de obra de la obra– es algo que han hecho muchos otros pintores, pero por lo general esto ocurre de una manera sutil y el artificio queda más o menos oculto. En sus cuadros, en cambio, aparece en primer plano. Se trata de un juego con el límite y con la autorreferencia, un juego que genera movimiento. Seguramente el mejor ejemplo del movimiento que pue-

1. Ya la retórica clásica llamaba «epifonema» al comentario enfático referido a lo que uno acaba de decir, que contrasta con el tono neutro del resto del discurso y genera una sensación de realismo, reduce la monotonía y permite que la voz que habla se desdoble. Es un recurso similar a la parábasis y que emplearán numerosos poetas.

de producir la autorreferencia sea la paradoja de Epiménides: «Esta frase es falsa». Si la frase es falsa, es verdadera, y si es verdadera, es falsa. La mente no para de moverse, va de un lado a otro, no puede detenerse, llegar a una conclusión.[1] Supongo que Rauschenberg se refería a algo parecido a esto cuando hablaba del «arte que se niega a posarse».

Algunos ejemplos muy conocidos de obras que juegan con la ruptura del límite y con lo autorreferencial son *El matrimonio Arnolfini*, de Jan van Eyck, y *Las meninas*, de Diego Velázquez, cuadros en los

1. Recordemos a Frege y la diferencia entre «uso» y «mención», que podría explicarse como estar dentro del lenguaje o estar fuera de él (la distinción entre estar dentro, usándolo, y estar fuera, mirándolo, es la misma que hay entre la acción y la contemplación, y que acabo de mencionar con respecto al teatro). Al decir «Esta frase es falsa», estamos al mismo tiempo dentro y fuera, o entrando y saliendo sin parar, y eso produce un efecto muy interesante. Nos situamos, también, más allá del ámbito de la mentira y la verdad: lo que se afirma es alternativa y simultáneamente verdadero y falso. La frase «Esta frase es falsa», por decirlo así, es verdadera durante un instante hasta que nos damos cuenta de que es falsa, y luego vuelve a ser verdadera, y así sucesivamente. «Yo soy la naturaleza», por cierto, es una frase que tiene un toque paradójico que la saca de la polaridad verdad-mentira. La naturaleza nunca podría decir «Yo soy la naturaleza». La naturaleza se caracteriza por no tener conciencia de sí misma (el ser humano, que tiene conciencia de sí mismo y de su finitud, se ha salido, en cierto sentido, de la naturaleza, como ya he comentado). La poesía también crea un mundo que está más allá de esta distinción. Quizá por eso Joubert escribiera que la poesía es la «sombra de la mentira y de la verdad».

que aparece un espejo que nos permite ver lo que hay fuera del marco; típicamente, al propio pintor. Esto implica cruzar el límite que separa la obra de la vida y subraya el carácter procesual del cuadro, que contiene una marca de su creación. Ocurre algo similar en numerosas obras de M.C. Escher, como *Manos dibujando*, en la que dos manos se dibujan mutuamente –cada una es hija de su hija– y ambas transitan del espacio «real» al de la obra. El espacio que se retrata en esta obra no pretende parecer real: la obra es un dibujo de un dibujo, o, mejor, del acto de dibujar. Ese espacio se desdobla en dos, el de lo dibujante y el de lo dibujado. Las dos manos, por cierto, no habitan ambos espacios por igual, como hacían las banderolas de Buren, de las que exactamente la mitad está en la galería y la mitad está en la calle. Aquí cada mano es sobre todo un dibujo, una representación que se vuelve momentáneamente «real» solo para dibujar a la otra; es como si se dijera que el acto de creación nos aporta un plus de realidad, o que el yo poético permite al autor ser quien es.

Igual que La Monte Young sugiere con su mariposa que el volumen del sonido puede hacernos considerar que algo es música o no, las dimensiones de los lienzos de Pollock (que reflejan su interés por el surrealismo y las vanguardias europeas, el arte de los nativos norteamericanos y la pintura mural mexicana)[1]

1. Vale la pena llamar la atención sobre el trabajo de los muralistas no solo por sus dimensiones espaciales, sino también por su carácter temporal –es claramente efímero– y, sobre

plantean también la cuestión de a partir de qué tamaño un cuadro se transforma en otra cosa. Allan Kaprow, considerado el creador del *happening*, escribió en 1958 que las obras de Pollock eran tan grandes que «dejaban de ser cuadros para convertirse en ambientes». En una etapa inicial, Kaprow emplea en sus propios cuadros la estrategia amplificadora de Van Eyck y Velázquez, pero, en lugar de pintar espejos, incorpora espejos reales, de modo que ya no es el pintor sino el espectador quien se ve reflejado e integrado en el cuadro. Más adelante, traslada esta idea a los *happenings*: eventos que, según él, «happen to happen», es decir, suceden de un modo más o menos espontáneo, implican cierto grado de participación por parte del espectador (y ya no es solo su imagen sino también su cuerpo lo que se integra en la pieza) y aspiran a generar una experiencia estética cuestionando el marco en que se presenta la obra. Este marco, como ya he comentado, no es solo espacial, sino también temporal: en muchos casos, no está claro el momento en que termina la pieza, o, mejor dicho, esta no termina en un momento concreto y puntual, sino que el público percibe que ya no va a ocurrir nada más, que ha terminado, y esto, en alguna medida, marca su final. Hay un primer final que el público no percibe hasta pasados unos momentos. Cuando lo percibe, hay un

---

todo, porque consiste en pintar sobre la realidad, por decirlo así. El lienzo es menos real que una pared. El lienzo solo existe para el cuadro. La pared existe fuera y con independencia de la obra.

segundo final. Si lo pensamos así, ¿cómo consideramos ese lapso? ¿No es, acaso, muy parecido al paréntesis del poema de Koch: algo que ni forma parte de la obra ni está fuera de ella, pero que también forma parte de la obra y está fuera de ella?

Esto me lleva a pensar en las firmas de las obras de arte. Vemos un paisaje o una naturaleza muerta y sabemos que la firma que aparece en una esquina no es un objeto que está sobre la hierba o sobre la mesa. Pero al mismo tiempo esos trazos están dentro de la obra. Me dan ganas de decir que, más que dentro, están *entrando*, siempre en presente, desde la realidad (desde el nivel en que vive el pintor). En este caso, la entrada de lo exterior puede transformar la obra (darle uno u otro valor para los espectadores, los museos, el mercado) e incluso convertir en arte algo que no lo era (como ya hemos visto que pasaba en algunos trabajos de Duchamp o Cage, o de Piero Manzoni, que firma cuerpos de personas declarando que son obras de arte).

En la historia de la novela también hay ejemplos muy conocidos de autorreferencia y ruptura del marco. En la segunda parte del *Quijote*, los protagonistas se encuentran con unos personajes que han leído la primera y comentan sus aventuras con ellos. En *Tristram Shandy*, obra de Laurence Sterne en la que se llama «archicrítico» a Momo y que aparece mencionada en «Un tren puede ocultar otro», el autor interrumpe su narración para dirigirse a los lectores: es una parábasis de libro. «Los múltiples espejos de esta novela, colocados para captar su propio funcionamiento, también nos devuelven la imagen de la mente en acción», dice al respecto Thomas Keymer. Me gusta que se hable aquí de espejos y de autocontemplación, pero la idea que más me interesa de esta cita es, por supuesto, la de la mente *en acción*.

SONETO 18

¿Debo compararte con un día de verano?
Tú eres más bello y más templado.
El viento azota los brotes de mayo
y el plazo del verano es demasiado breve.
A veces el ojo del cielo está demasiado caliente
y con frecuencia se atenúa su tez dorada.
Y lo bello de lo bello a veces disminuye,
por azar o por el curso de la naturaleza.
Pero tu verano eterno no se disipará.
No perderás la belleza que posees
ni la muerte se podrá jactar de haberte oscurecido
cuando crezcas en versos eternos, fuera del tiempo.
    Mientras los hombres respiren y los ojos vean,
    este poema vivirá y te mantendrá vivo.

En el último verso de este soneto de Shakespeare encontramos un ejemplo más de autorreferencia,[1] pero

1. Tengo que decir que en la traducción tomé algunas decisiones con la intención de que el poema contribuyera a mis argumentos, sin hacer trampa, por supuesto.

en el poema aparecen también otras ideas que tienen que ver con todo lo que estoy comentando. Una de las cuestiones centrales de este poema es cómo se puede representar la vida. No hay con qué comparar al ser amado, pues la naturaleza decae y muere, se estructura en ciclos –el verano se acaba pronto, el sol queda tapado por las nubes–, mientras que la belleza de lo que amamos tiene una intensidad que trasciende cualquier ciclo, es un presente eterno (que solo puede captarse por medio de «versos eternos, fuera del tiempo»). Creo que en realidad no es el ser amado lo que se intenta representar aquí, sino el amor, o tal vez la gran subjetividad con que se percibe al ser amado: como en *Tierra-Luna-Tierra*, se le devuelve al ser amado su imagen tras rebotar en el sujeto. La autorreferencialidad no está solo en la mención explícita a «este poema», sino que se muestra desde el principio, cuando el autor se cuestiona si está eligiendo el símil adecuado. Así, el poema refleja el proceso del pensamiento, es el desarrollo de una reflexión, de una duda. En este sentido, es como el de Lope, pero Lope reflexiona sobre cómo «imitar» un soneto, mientras que aquí Shakespeare reflexiona sobre cómo imitar algo exterior al lenguaje, que puede hallarse también en el exterior del autor (si pensamos que se intenta representar al amado) o en su interior (si pensamos que se intenta representar el amor, o la imagen subjetiva del amado), pero que, en cualquier caso, es «real».

He comentado que el estatismo de un poema no puede captar el flujo de la vida, y aquí Shakespeare afirma muy claramente que el dinamismo de su metáfora no puede captar la eternidad del amor, o de la belleza del amado. Si mi problema con la poesía es la dificultad para captar el movimiento con palabras que están quietas, en el «Soneto 18», al tratar de captar algo permanente, hay una toma de conciencia –un proceso que parece tener lugar durante el poema– de que las metáforas procedentes de la realidad (los ciclos de la naturaleza, el otoño que sucede al verano) no sirven. Solo un tiempo fuera del tiempo, el del poema, el de la eternidad del arte, puede reflejar la supuesta eternidad del amor. El «verano eterno» del amado, entonces, solo puede ser comparado con algo eterno: el propio poema. Este soneto, uno de los más conocidos del mundo, tiene la capacidad de generar diversos y riquísimos sentidos, pero, para lo que nos interesa aquí, muestra una vez más que hay un límite entre el poema y lo real, y que ese límite tiene que ver con que lo real –no el amor inmortal que aquí se ensalza– está cambiando todo el tiempo, mientras que el poema es inmutable.

Por otro lado, este texto me interesa para que volvamos a preguntarnos si la autorreferencia no suprime, o al menos debilita, los argumentos a favor de la distinción entre el yo poético y el autor: creo que la voz que habla de la inmortalidad de su poema no es la de un personaje, sino la de Shakespeare.[1] Quiero decir que aunque aceptemos que el enamorado es un yo poéti-

1. Y aquí asistimos a un nuevo desdoblamiento: no me refiero al ciudadano Shakespeare, del que no sabemos casi nada,

co, parece que ahí se ha colado la voz de Shakespeare, el escritor inmortal que es consciente de su talla como autor (que le garantiza, por ejemplo, que alguien como yo vaya a comentar un poema suyo cuatrocientos años más tarde). Pero tal vez podríamos leer el soneto como si hablara un yo poético que no sabe nada de la inmortalidad de su creador y que afirma que es la poesía, en general, lo que produce obras eternas.

Este poema, como hemos visto que pasaba con los de Lope y Quevedo, no es original en lo que se refiere al tema. Más o menos en la época en que se supone que lo escribió Shakespeare, Edmund Spenser publicó un libro en el que encontramos un soneto –el número 75– que plantea la misma cuestión: el poeta escribe en la arena el nombre de su amada, y las olas lo borran una y otra vez; ella lo critica, pues es «vanidad» (en sus acepciones de falta de solidez y de presunción) intentar «inmortalizar algo mortal»; y él le responde que su poema volverá eternas las virtudes de ella e inscribirá su nombre en los cielos, y concluye así: «Aunque la muerte venza al mundo entero, / nuestro amor vivirá y renovará la vida». El texto dice que el movimiento –de las olas– borra lo que se escribe en la arena, pero que, si se escribe un poema, el resultado es imborrable. Sí, me dan ganas de añadir, porque el poema excluye el movimiento. También me dan ganas de señalar que al final, pese a todas las promesas, el nombre de la amada no solo no se escri-

sino a Shakespeare en cuanto autor del poema. Es decir, a alguien equivalente a «Borges» en el texto de Borges.

be en los cielos, sino que ni siquiera aparece en el texto. El retrato, al ofrecer una imagen fija del modelo, lo suprime. Quizá podamos concluir que, en el fondo, lo que quiere Spenser no es escribir el nombre individual de una mujer, sino escribir un poema, hacer arte. Lo que es inmortal no es el amor, sino la poesía.

Y a la vez lo que se afirma en estos textos es que, si uno logra captar el momento, puede volverlo eterno: la poesía es capaz de hacer un retrato por el que no pasa el tiempo; el poema da vida renovadamente al sujeto retratado en él. El camino hacia la naturaleza pasa por el Louvre.

«Ah, ramas felices que no podéis perder / las hojas ni decir adiós a la primavera», escribe Keats, doscientos años después de Shakespeare, en su «Oda a una urna griega». No está hablando de los árboles de hoja perenne, sino comentando las imágenes que aparecen pintadas en un ánfora que vio, precisamente, en el Louvre. Es el arte lo que ha detenido su movimiento, lo que las ha colocado fuera del tiempo, igual que al deseo de un joven por su amada (ambos también están representados en el ánfora): «nunca podrás besarla», le dice Keats, pero «no sufras; ella no puede desvanecerse, aunque no cumplas tu deseo, / ¡la amarás para siempre, y para siempre será bella!». En la ya mencionada «Oda a un ruiseñor», Keats también se refiere a lo que está fuera del tiempo: «La voz que yo oigo esta noche fugaz la escucharon / en tiempos antiguos emperadores y payasos». Por medio de la voz del ruiseñor, es decir, por medio de la naturaleza, también puede detenerse el tiempo. Esta capacidad un tanto mágica equipara, de alguna manera, la naturaleza y el arte.[1]

Pero podemos pensar también que la manera de detener el tiempo que encontramos en estos poemas de Keats, o en el soneto de Shakespeare, no capta realmente el momento, sino que lo inmoviliza, arrebatándole su esencia.[2] Hay algo que se consigue, pero también hay algo que se pierde; la manera de conservar la vida es convertirla en una representación.[3] El enamorado que, como hemos visto, no podrá besar jamás a su amada («aunque estás cerca de tu meta») también tiene esa sensación agridulce; por eso Keats le dice: «No sufras; / ella no puede desvanecerse, aunque no cumplas tu deseo». De un modo bastante sutil, se sugiere aquí (por medio de ese «aunque») que cumplir el deseo haría que ella, en cuanto ser idealizado, se desvaneciera. En cualquier caso, lo que está a punto de

1. Hemos visto distintas manifestaciones de esta cuestión, que aparece de forma un tanto indirecta en el poema de Harwood («siguen vivos») y en la obra de On Kawara («sigo vivo») y más explícitamente en los sonetos de Shakespeare («te mantendrá vivo»), Quevedo («permanece y dura») y Spenser («inmortalizar algo mortal»). Este uso del arte no es ninguna novedad: en el antiguo Egipto, una de las formas de referirse a un escultor era «el que mantiene vivo».

2. Recordemos que la palabra «momento» procede del latín *momentum*, que significa «movimiento», «impulso»: la esencia del momento es que se mueve.

3. Quizá Picasso pensara en esto cuando dijo que la tarea de la pintura no era representar el movimiento, sino detenerlo.

ocurrir, lo que pertenece al ámbito de las expectativas o la esperanza (el proceso, no el producto), tiene una intensidad que no tienen los actos cumplidos. Yoshida Kenko, un monje budista que vivió en torno al año 1300, dice: «¿Acaso vamos a mirar los cerezos solo cuando han florecido, la luna solo cuando el cielo está despejado? Añorar la luna mientras miramos la lluvia, bajar las persianas y no ser conscientes del paso de la primavera: estas cosas nos conmueven aún más profundamente». Y, como si hablara de los poemas que Keats escribirá cinco siglos más tarde y de ese sentimiento tan concreto y etéreo que tiene que ver con la presencia que señala una ausencia, Kenko añade: «Las ramas que están a punto de florecer o los jardines cubiertos de flores marchitas son más merecedores de nuestra admiración».[1]

Veamos un poema de Shen Yinmo escrito a comienzos del siglo XX:

NOCHE DE LUNA

El viento helado sopla y aúlla,
la luna brilla con fuerza.
Estoy junto a un gran árbol,
pero no me apoyo.[2]

1. También Wordsworth menciona en un poema la «belleza de la promesa», que sitúa «la rosa incipiente por encima de la rosa florecida».
2. Traducido de la versión inglesa de Michel Hockx.

Encontramos aquí una actitud de rechazo hacia la antigua tradición, también presente en la poesía china, de fundirse con la naturaleza. El sujeto afirma su independencia, y lo hace con absoluta naturalidad. La naturalidad consiste en actuar como actúa la naturaleza, lo cual, como sabemos, es una aspiración irrealizable y antigua: ya Aristóteles previene contra el abuso de los epítetos en la obra, pues «ponen de manifiesto que es un artificio», y contra la métrica demasiado perceptible, que da la impresión de que el texto está muy pensado, de que hay algo forzado. Es decir, propone fingir naturalidad, propone el enfoque del jardín inglés.

En la historia de la estética, la naturaleza se ha relacionado repetidamente con el concepto de lo sublime, que se refiere a una grandeza extrema e inconmensurable que produce un asombro cercano al malestar y al miedo, en contraste con lo bello, que alude a lo que está bien proporcionado y produce un placer reconfortante. La etimología de ambos términos es muy reveladora. *Bellus* es el diminutivo de *bonus*, que significa «bueno» en los sentidos práctico y ético de la palabra; en castellano encontramos exactamente la misma vinculación en la palabra «bonito». Es decir, se considera bello lo que resulta bueno; la belleza no se vincula con lo sensorial, con lo que más adelante se tratará de acotar en el ámbito de la estética. Sublime, por su parte, es etimológicamente lo que asciende hacia el límite (en este caso, no el que separa la obra y la realidad, sino el límite de la razón, o tal vez de lo pensable). Lo bello, por lo tanto, se parece en cierto modo al uso comunicacional del lenguaje, a la concepción del lenguaje como algo útil, y a lo que está sujeto a una norma, mientras que lo sublime tiene que ver con la zona del misterio, el descontrol y la oscuridad. Una vez más, el intercambio frente al exceso.

En el influyente tratado *De lo sublime*, datado en el siglo I y atribuido erróneamente a Longino, se afirma que lo sublime genera un estado de irracionalidad en el público, una especie de pérdida de la identidad que lo conduce a identificarse con el proceso creativo del artista (algo similar a lo que encontramos en los poemas de Wordsworth y Keats en relación con el bosque y el canto del ruiseñor, respectivamente). En el siglo XVIII, muchos pensadores recuperan el concepto de lo sublime.[1] Shaftesbury lo asocia con las atemorizantes formas de la naturaleza y considera que las cosas no tocadas por el ser humano tienen una belleza superior. Edmund Burke dice que «los objetos sublimes presentan unas dimensiones vastas» y también los relaciona con la sensación a la que dan lugar, una sensación de temor sin que exista ningún peligro real, que «produce una tensión antinatural en los ner-

1. Evidentemente, el jardín inglés, que surge en esta misma época, es la aplicación a su ámbito del concepto de lo sublime, y se presenta como alternativa crítica al «jardín arquitectónico», el francés, que resulta fácil identificar con lo bello. Franz Hallbaum escribe que ninguna de las artes se entrelaza tanto con la naturaleza –«es, por decirlo así, tan naturaleza»– como la jardinería; ninguna borra con tanta contundencia el límite que separa la naturaleza y el arte.

vios» (esta tensión está cerca de la que comenté que caracteriza la poesía para Gadamer). Lo bello, por su parte, produce una sensación de amor, pero se trata de un amor desprovisto de deseo sexual. Kant, a partir de las ideas de Burke, explica que «lo bello de la naturaleza se refiere a la forma del objeto, que consiste en su limitación», mientras que lo sublime «puede encontrarse en un objeto sin forma». También afirma que, por lo general, la imaginación «no encuentra nada, más allá del mundo sensible, a lo que aferrarse»; pero al percibir lo sublime, en cambio, con la superación de «las barreras sensibles, se experimenta la sensación de no tener límites, y esa eliminación es un encuentro con lo infinito», una idea muy adecuada para un libro como este. Lo bello, para él, tiene que ver con la representación de la *cualidad*, mientras que lo sublime procede de la *cantidad*. «Es sublime aquello en comparación con lo cual todo lo demás es pequeño», dice Kant, y concluye que «la naturaleza, por lo tanto, es sublime en aquellos de sus fenómenos cuya intuición transmite la idea de su infinitud».[1] En el siglo XIX, encontramos lo sublime en los paisajes de los pintores románticos, que tanto tienen que ver con las obras de los expresionistas abstractos: los artistas se identifican con esos espacios abiertos, incontrolables,

1. Me parece importante mencionar que lo que Kant considera realmente sublime es «no tanto el objeto [de la naturaleza] como la disposición del espíritu en la apreciación de este». La naturaleza no es sublime, sino capaz de generar la sensación de lo sublime en quien la contempla.

impredecibles, que quizá, ante todo, simbolicen la ausencia de límites, es decir, la libertad.

Hölderlin escribe que «ser uno con todo lo que vive, volver, en un feliz olvido de sí, al todo de la naturaleza, esa es la cumbre del pensamiento y la alegría» y relata que, como les pasaba a Wordsworth y a Keats, esa comunión queda interrumpida (cuando uno vuelve a pensar): entonces, dice, «me encuentro como estaba antes, solo, con todos los dolores propios de la condición de mortal, y el asilo de mi corazón, el mundo de la unidad eterna, desaparece; la naturaleza se cruza de brazos y yo me quedo delante de ella como un extraño y no la entiendo».

Unas décadas antes, en 1767, Diderot analiza el «encantamiento» que sintió durante un paseo: «Todo parecía suspendido en el tiempo», dice; «el tiempo había desaparecido» y, ante lo sublime de la naturaleza, «el hombre se había convertido en algo eterno». Me interesan las menciones a la eternidad, lo infinito y la anulación del tiempo, pero también que el paseante experimenta «el placer aún más dulce de olvidarme de mí mismo». Más adelante, sin embargo, Diderot explica que no ha estado de paseo, sino describiendo unos cuadros de C. J. Vernet, fingiendo que se hallaba dentro de ellos «para romper el aburrimiento y la monotonía de las descripciones». El arte tal vez pueda proporcionar lo que proporciona la naturaleza, pero para ello el espectador ha de entrar en el cuadro.

Rousseau ya había hablado de algo similar. En una carta escrita en 1762, comenta sus paseos por el bosque en estos términos: «Nada viene a interponerse entre la naturaleza y yo»; «entonces, con el espíritu perdido en esa inmensidad, no pensaba nada, no razonaba»; «hubiera querido precipitarme hacia lo infinito».

La obra de Roman Opalka que comenté antes lleva consigo la idea de la infinitud de una manera muy explícita. Las obras de Pollock adquieren su sentido, entre otras cosas, gracias a sus «dimensiones vastas». Hay numerosos artistas, en diversas disciplinas, que han explorado las posibilidades que ofrecen estos conceptos.

En 1985, John Cage escribió por encargo una obra para un concurso de piano. Esta pieza, titulada *ASLSP* («As Slow[ly] and Soft[ly] as Possible»), tenía ocho partes. Las instrucciones de Cage indicaban que, en la interpretación, se debía omitir una de ellas y repetir otra. Por lo visto, a Cage le pareció que el jurado se aburriría si tenía que escuchar a todos los concursantes tocando lo mismo una y otra vez, y de este modo, por medio de una obra abierta, la experiencia de escucha variaría; también la dinámica y el tempo de la obra son libres.

Un par de años más tarde, Cage adaptó la obra para órgano. En 1997, cinco años después de la muerte del compositor, un grupo de organistas, musicólogos y pensadores alemanes decidió poner en marcha una adaptación radical de esta obra tras preguntarse qué significaba realmente tocar una pieza musical «tan lentamente como fuera posible», como pedía Cage desde el título. Decidieron también que, ya que el primer órgano de teclado moderno había sido construido en Halberstadt, una pequeña localidad alemana, sería allí donde se interpretaría la obra; y ya que el año de su construcción había sido 1361, es decir, 639 años antes del año 2000, la ejecución duraría 639 años. Vale la pena mencionar que la pieza original para piano ocupa apenas ocho páginas.[1]

Esta nueva versión, *Organ²/ASLSP* («As Slow as Possible)», se empezó a interpretar en 2001 con un silencio que duró diecisiete meses. Luego se tocó un acorde que también duró diecisiete meses. El siguiente también duró diecisiete meses, y el tercer acorde, justo un año.

Resulta evidente que esta obra se inscribe en la tradición del arte conceptual. Podríamos pensar, por lo tanto, que lo que tiene de interesante no es escucharla. ¿O sí? Unas diez mil personas acuden a Halberstadt cada vez que hay un cambio de acorde, cosa

1. Cage afirma que tiene que haber una correspondencia entre el tiempo y el espacio, en cualquier interpretación, para que las dimensiones visual y sonora encajen. Kenneth Koch señala la gran diferencia que hay entre un poema leído y un poema oído: en un caso, apreciamos su extensión a primera vista; en el otro, no tenemos ni idea de cuánto va a durar. Yo diría que leer y escuchar poemas son actividades bastante distintas, sobre todo porque en un caso podemos volver atrás o detenernos durante el tiempo que queramos y en el otro no.

que sucede siempre con muchos meses de distancia (y en algunos casos el lapso es mucho mayor: el acorde más largo hasta la fecha se oyó durante siete años). Debe ser emocionante pensar que la misma interpretación que estamos escuchando en directo la podrán escuchar otros seres humanos dentro de seis siglos, en concreto hasta el año 2640. Pienso que esta emoción tiene que ver con la angustia –con la sensación de lo sublime– provocada por el paso del tiempo, el movimiento perpetuo y el tamaño descomunal. Pienso también que en realidad no sabemos, no podemos saber, si la interpretación de la obra concluirá o quedará interrumpida; esta idea también resulta emocionante, nos transmite una intensa sensación de fragilidad y de provisionalidad. Pienso, por último, que la lentitud de esta composición, la más larga del mundo, tiene que ver con el deseo de detener el tiempo, o al menos con la necesidad de preguntarnos, como según Foucault hace Hegel, «qué es el ahora».

En una obra de gran tamaño, como esta o los cuadros de Pollock, las cosas adquieren otro sentido. Un cambio de nota puede vivirse como un acontecimiento. Es decir, lo que en otro contexto es trivial, aquí es extraordinario. Se borran, una vez más, los límites entre lo banal y lo importante, y también entre el arte y la vida. O al menos se muestra la desproporción entre una cosa y otra, como sucede también en el «Soneto 18» de Shakespeare, cuando la obra establece una especie de relación asimétrica con la eternidad, y en el poema de Christensen, donde la asimetría consiste en vincular la eternidad con una mujer sola en la nieve.

La autorreferencia puede producir efectos fascinantes: desde el ámbito de la inteligencia, nos lleva al de lo maravilloso. Como pasa con la paradoja, nos hace perder pie sin salir de una zona racional. De un modo sutil, señala otro límite y lo franquea: el que separa la inteligencia y el sueño, o el suelo firme y la caída al vacío.

«Todo esto es puro teatro», dice Brecht por medio de un personaje. «Este poema es bastante tonto», escribe Harwood.[1] Ashbery habla de «intentar evitar / las ideas, como en este poema». «Este poema vivirá», concluye Shakespeare. También el soneto de Lope habla de sí mismo todo el tiempo. En cierto momento la ruptura de la cuarta pared en la escritura se vuelve tan corriente que deja de sorprender y cambia radicalmente de signo, convirtiéndose en una especie de rasgo ingenuo, aburrido, estereotipado. Sin embargo, la autorreferencia puede seguir funcionando bien si se combina con un gesto creativo, es decir, verdadero.

«Este es un poema / totalmente accesible. / No hay nada / en este poema / que sea de ninguna / manera

1. El primer libro de Harwood, por cierto, se llama *Título ilegible.* Hay muchos libros que juegan a la autorreferencia y la paradoja desde el título. Citaré dos: *¿Cómo se llama este libro?* y *Este libro no necesita título,* ambos de Raymond Smullyan.

difícil / de entender». Así comienza un poema exageradamente autorreferencial de Charles Bernstein titulado «Gracias por decir gracias».[1] Tras una primera lectura, podríamos decir que este pasaje no va muy lejos. Pero «con la música nunca se sabe», escribe Slavoj Žižek, y si la esencia de la poesía es el milagro musical, deberíamos tener siempre presente que con la poesía igualmente nunca se sabe. De un modo no demasiado indirecto, aquí se está diciendo que, si se entiende fácilmente, el significado de un poema es una tontería: no nos lleva muy lejos. Estos versos guardan cierto parentesco con la banal afirmación «Sigo vivo» de On Kawara y con el soneto de Lope de Vega, también exageradamente autorreferencial.[2] «Este poema / no tiene pretensiones / intelectuales», dice un poco más adelante, lo cual parece cierto. Y luego: «Es / puramente emocional». Aquí ya nos damos cuenta de que el texto miente, aunque la poesía, fuera del tiempo y de la función referencial, no puede mentir ni decir la verdad; en cierto sentido, como ya he comentado, está más allá del mundo en el que las cosas son mentira o verdad, des-

1. Tras una primera lectura, podríamos pensar que Bernstein no sabe que el segundo «gracias» debería ir entre comillas. Prescindir de las comillas es ignorar el límite entre lenguaje y metalenguaje, entre uso y mención, algo que me parece equivalente a ignorar el límite entre dentro y fuera del lenguaje y, ya que estamos, entre el yo poético y el yo.

2. Lo autorreferencial, por lo común, parece decir poco de lo exterior a ello. Lo que pasa es que dice algo de lo exterior de otra manera.

truye esa dicotomía.[1] Quizá lo adecuado sea decir que el texto es irónico; su ironía, además, va en aumento: «Expresa por completo / los sentimientos del / autor: *mis sentimientos, / los de la persona que te está / hablando ahora*». Reconocemos una vez más la parábasis, la ruptura de la cuarta pared, y vemos que aquí también se atenta contra la distinción entre autor y yo poético: el autor dice que el yo poético no existe. ¿O lo dice el yo poético? En este último caso, estaríamos ante una nueva versión de la paradoja de Epiménides, un texto cuyo yo poético afirma ser el autor. Quizá pase lo mismo en «Borges y yo», donde «yo», el yo poético del texto, afirma ser el autor de lo que escribe «Borges».[2] En cualquier caso, la ironía de la voz que habla aquí ya es imposible de pasar por alto. «Este poema / tiene 90 versos, / 269 palabras y / más sílabas de

1. Al atacar la dicotomía entre la mentira y la verdad, la poesía *siempre* está atentando contra la distinción entre la obra y lo real.

2. Hay unas palabras llamadas «deícticos» cuyo significado depende del contexto; suelen aludir a personas («yo», «tú), lugares («ahí») o momentos («ayer»). Podríamos decir que su sentido se completa con lo real; están al mismo tiempo dentro del lenguaje y fuera de él. Bernstein escribe «la persona que te está / hablando ahora». Ese «ahora» es un deíctico que alude a dos momentos: el de la escritura y el de la lectura. Pero la lectura puede suceder en una cantidad virtualmente infinita de momentos. En «Borges y yo», «Borges» se vuelve un término problemático porque alude a una cantidad virtualmente infinita de individuos: las distintas imágenes que las distintas personas pueden tener de Borges. En cierto sentido, todas las palabras (y, desde luego, los nombres propios) son deícticos.

las que / tengo tiempo de / contar». No da la impresión de que esté hablando de sentimientos, pero ¿y si esto fuera, para esa voz, «puramente emocional»? Con la poesía nunca se sabe, y con los seres humanos tampoco, por no hablar de sus diversas voces. Un poco más adelante leemos: «Este poema renuncia a / la oscuridad y el enigma». Al apartarse de lo que, como hemos visto desde el principio, son características esenciales (o, al menos, características potenciales) de la poesía, queda muy claro lo que está haciendo Bernstein: escribe, por decirlo así, el poema que desean leer todos esos lectores que rechazan la poesía porque «no se entiende», porque es inaccesible. Sin embargo, y de un modo paradójico, este poema no gustará a quienes quieren, ante todo, entender racionalmente el arte, porque no quieren solo entender, sino que suelen aspirar a «lo solemne, lo sagrado, lo serio y lo sublime». En mi lectura, Bernstein está diciendo que hay que elegir entre la comprensión y la profundidad. Ya Baumgarten explicaba que la estética, a diferencia de la especulación lógica, permite «conocer algo de manera oscura, confusa o indistinta», ni más ni menos. «No hay nada / oculto», sigue diciendo Bernstein, en unos versos que nos llevan de nuevo hacia la idea de que «un tren puede ocultar otro». Aquí, según se dice (irónicamente), no sucede eso. Por eso «cien / lectores leerían / todos el poema / de una forma / idéntica y extraerían / el mismo mensaje / de él»: se rechaza (irónica y provocadoramente) una idea, la de que la poesía se enlaza con la subjetividad de los lectores, que aquí he ejemplificado con las mil canciones de McFerrin. «Dice / solo lo que / dice. Es / real», termina el poema, y ese final nos deja la sensación de que quizá no fuera tan irónico lo que se decía en él. Quiero decir: ¿es realmente irónico decir que «no hay nada / oculto»? ¿A qué llamamos «oculto» en este contexto? ¿Hay alguna vez algo «oculto» en un poema?

El poema, desde luego, va mucho más lejos de lo que parece ir; muestra, como ya he dicho, que cuando la poesía es «totalmente accesible» no va demasiado lejos; muestra también lo absurdo y totalitario de ciertos argumentos a favor de la comunicación y lo emocional. Pero también es verdad, opino, que no va demasiado lejos. Tampoco va a un lugar que no conozcamos; se está mostrando aquí un malestar muy conocido (y doble: el del público, que siente que los artistas le dan la espalda, y el de los artistas, que sienten que el público les pide algo que no quieren hacer y no está lo bastante abierto a sus propuestas).[1] En cualquier caso, va a donde va de una manera interesante, indirecta y *práctica*, como no habíamos ido nunca. Y quizá muestre, de paso, que un poema nunca es algo sencillo.

Un poema nunca es algo sencillo, dice Bernstein. La realidad nunca es algo sencillo, dice Koch. La rela-

1. Mientras el público reclama a la poesía y el arte que sean accesibles, los poetas y artistas afirman que lo que tiene que ser accesible es el público.

ción entre un poema y la realidad nunca es algo sencillo, dice Ersi Sotiropoulos –una autora que afirma que «la máxima ambición para un artista es anular la distancia entre el arte y la vida»– en el siguiente poema, que también comienza hablando de sí mismo y que plantea que detrás de la apariencia de orden puede haber algo a punto de explotar.

UNO O DOS EN EL DIVÁN ROJO

Puesto que este poema
Puede abrir
En el aire
Una dos tres toallas
1 sábana doble de hilo
3 blancas dobles
1 estampada
Una almohada
Y todo esto junto doblado
Puede perderse
Como un aeróstato ligero
Que abandona el sueño nadando
en chocolate azul
Puede desparramarse
Donde será devorada la larga zanahoria
del pasillo
Y la sangre empieza a concentrarse
En la alterada lengua de la casa
Donde nosotros nos amamos
Donde yo te amo
Me temo

Que repentinamente
Este poema pueda abrir en el aire
Un globo
Dos perros llenos de cubos
Una cabeza
Con las plumas de los pájaros pegadas al
gélido frontón.[1]

Este paisaje es claramente confuso, porque sus límites se superan una y otra vez: el poema puede extender toallas y sábanas en el aire (desbordando el límite entre la obra y lo real) y un aeróstato puede abandonar el sueño (desbordando el límite entre lo onírico y lo real, llevando al ámbito de lo real elementos del ámbito de lo onírico, ese «chocolate azul» en el que se puede nadar). Así funcionan «el aire» y lo «ligero», no obedecen las leyes graves que dictan «lo solemne, lo sagrado, lo serio y lo sublime». Pero ¿qué es «abandonar el sueño»? ¿Implica de verdad entrar en lo real? ¿Con qué limita el sueño?

Al igual que en el soneto de Shakespeare, aquí aparece una reflexión sobre qué puede hacer un poema,[2] cuáles son sus límites y cuáles son sus efectos so-

1. Traducción de Vicente Fernández González.

2. La palabra «reflexión» parece mostrar que el pensamiento siempre tiene algo autorreferencial: dan ganas de inferir que piensa el que se ve reflejado. Lo mismo podría ocurrir con el verbo «especular», término que comparte origen con «espejo». Sin embargo, «reflexión» significa etimológicamente «doblarse hacia atrás» en el sentido de «contemplar el pasado», y «especular», por su parte, algo como «mirar desde la altura».

bre lo real. Tal vez se esté diciendo que si bien un poema puede generar domesticidad, por decirlo así (hogar, vida en pareja, la «sábana doble»), también puede «repentinamente» generar distanciamiento (el abandono del sueño, lo alterado, el globo que tiende a irse volando o a estallar, las plumas en la cabeza). Aparecen, con confusa claridad, «dos fuerzas en oposición». Un mismo poema, parece, puede significar cosas distintas, o, mejor dicho, puede producir efectos distintos. Estamos, como en el «Soneto 18», ante un artefacto mágico, cuyo uso implica asumir ciertos riesgos. Uno de esos riesgos es que lo que era vuelo y vida («las plumas de los pájaros») se convierta en un monumento frío («pegadas al gélido frontón»); los pájaros se van, quedan las plumas pegadas a la piedra. A esto mismo se refiere João Cabral de Melo Neto cuando menciona «la fría naturaleza / de la palabra escrita» y cuando dice: «En este papel / puede tu sal / volverse ceniza; / puede el limón / volverse piedra; el sol de la piel, / el trigo del cuerpo / volverse ceniza».[1]

Ambos términos, que aluden al pensamiento racional, implican que hay una distancia (temporal, física, tal vez emocional) entre el objeto contemplado y el sujeto que mira. Las obras de arte, que aspiran a un pensamiento no racional (no orientado a la transacción ni a la medida), proponen suprimir esa distancia, integrarlo todo en una única realidad, que puede ser una cosa, una idea o una experiencia.

1. Las dos citas proceden de un largo poema de 1947 llamado «Psicología de la composición», que empieza así: «Salgo de mi poema / como quien se lava las manos», lo cual lo conecta con la concepción de Pollock de la obra como un lugar al

A la poesía, como vemos, se le sigue atribuyendo la capacidad de producir efectos. El poema «puede abrir», y todo «puede perderse» y algo «puede desparramarse». Como Dickinson, Sotiropoulos identifica la poesía con la posibilidad (de que pasen cosas, de que la lectura y la escritura tengan consecuencias). En un texto sobre su descubrimiento de la poesía, esta autora escribe: «La poesía era acción. Nada que ver con lo cerebral o mental. Era una ventana abierta a la libertad, a lo paradójico, lo no ortodoxo, lo no convencional. Era lo contrario de la estupidez, de eso a lo que teníamos que aludir en la escuela del mundo gris».

Cuando Barthes habla de esa voz que «pierde su origen» y cuyo autor desaparece, se refiere explícitamente al empleo del lenguaje para relatar hechos. Esto no ocurre, en cambio, cuando se lo emplea «con la finalidad de actuar directamente sobre lo real». Parece que Barthes quiere distinguir entre la escritura y el habla, pero creo que no hace falta forzar demasiado la interpretación para encontrar ahí una distinción entre la narrativa y la poesía, en cuyo origen sin duda hay un deseo de actuar sobre lo real, de comunicarse con dioses o espíritus, de hacer magia o de hablar de

---

que uno entra y del que uno sale y que está comunicado con el espacio de lo real. En este texto también se habla de «el verso / que es posible no hacer», lo cual lo conecta con esa idea de Ashbery sobre lo contingente de la escritura que vimos unas páginas atrás. Y una de sus secciones comienza diciendo: «El poema, con sus caballos, / quiere explotar / tu tiempo claro».

«ideas complejas», como decían los mapuches, y no de meros hechos.

Igual que en el poema de Shakespeare hay un cambio de sentido, un punto de inflexión en el verso nueve, como es convencional en los sonetos, me parece que en el poema de Sotiropoulos el punto de inflexión está en el paso de «donde nosotros nos amamos» a «donde yo te amo». Es como si en ese momento hubiera una toma de conciencia, una corrección, como dije al respecto del poema de Harwood, una grieta por la que vemos la escritura del poema ligada al impulso vital que le dio lugar. Ahora se aclara un poco ese título tan bonito y misterioso. La convivencia (dos en el diván rojo) puede terminarse «repentinamente» a causa de un poema, de una revelación, de la «alterada lengua» –el uso poético de la lengua consiste en alterarla– donde se concentra la sangre.[1] Por supuesto, el título puede interpretarse de otras maneras: quizá también aluda a la imposibilidad de saber si uno es solamente uno o cuándo se va a manifestar el otro que hay en uno. La identidad, desde luego, nunca es algo sencillo. El mismo poema puede hacer cosas contradictorias, como el mismo sujeto puede desear –o ser– cosas contradictorias. La autora escribe el poema, pero el poema es autónomo.

1. En la versión original griega, la palabra «lengua» se refiere a la parte del cuerpo, no al lenguaje. No importa; la «alterada lengua de la casa» nos hace pensar que se dicen cosas extrañas, y quizá también en una modificación de las costumbres eróticas.

También podemos situar el punto de inflexión en el verso siguiente, «me temo», de modo que la primera parte se podría vincular con lo bello («amor sin deseo», según Burke: una posible imagen de la domesticidad) y la segunda, con lo sublime («temor sin peligro»). Por un lado está lo familiar y reconfortante, y por el otro, lo desconocido, amenazante y perturbador. Un mismo poema puede convocar ambos mundos.

«Y siempre una misma despedida: esta», dice Armand. Se condensan en su poema lo dinámico y lo estático; el que se va también se queda, como ya nos avisaron que ocurriría desde el título: «Despedida y presencia». Se queda en la despedida. Todo fluye, pero esa insistencia del fluir es una, es permanente. «Mari / posas bajo el agua. Peces como flores.» Ya está en el mar, pero todavía está en la tierra.

Aquí, en la dimensión semántica del texto, encontramos también «dos fuerzas en oposición». Esta idea de Mondrian que he citado tantas veces ya fue formulada con contundencia por Heráclito, que defendía que todo es producto del enfrentamiento entre los contrarios. Cuando Gadamer habla del tono-tensión del poema y compara esto con «una cuerda tensada» también está aludiendo claramente a Heráclito, que empleaba el mismo símil cuando explicaba que la armonía o el equilibrio tienen la naturaleza del arco y de la lira.

Olson también recoge esa metáfora de la armonía o la unidad cuando escribe sobre el «lugar desde el que cada uno de nosotros ha sido propulsado», «ese arco / del cual somos las flechas además de los usuarios», y añade que también «el blanco, sin duda, somos nosotros, desde fuera».

Es muy conocida la distinción que establece Ferdinand de Saussure entre lengua y habla: la lengua es algo abstracto, pasivo, un sistema; el habla es algo concreto, activo, una realización; la lengua es homogénea; el habla es heterogénea.[1] Se me ocurre que la forma de concebir la poesía que estoy comentando en este trabajo aspira utópicamente a que los poemas hagan algo equivalente a lo que hacen ciertos elementos del habla que la concretan y le aportan su relieve, como la voz, la entonación, los gestos, los cambios de ritmo, la espontaneidad. En cualquier caso, el habla –la práctica– hace referencia a un sistema, pero sobre todo a un contexto. La lengua tampoco es estática –va mutando con el tiempo, es algo extremadamente vivo–, pero cada usuario la percibe como estática.[2]

En ese momento en que «el músico no estaba se-

1. Ya nos hemos encontrado con esta heterogeneidad con los nombres de «polifonía» y «heteroglosia», pero también en el concepto de *collage*. «No hay nada más poético que las mezclas heterogéneas», escribió Novalis.

2. Diría incluso que necesitamos percibirla como estática, por eso rechazamos ciertas mutaciones que nos resultan desagradables, como quitarle la tilde a «sólo» o la pe a «psicología», o la pronunciación «Madriz» en lugar de «Madrid», pero nos parecen bien las mutaciones previas a nuestra etapa de forma-

parado del poeta, ni el poeta del músico», como ya vimos que escribió Zarlino, el marco de un poema era musical en el sentido estricto del término: la poesía se cantaba o acompañaba con música. Tal vez todos los recursos sonoros que pasaron a ser las marcas convencionales de la poesía sean la huella que la música dejó en el texto tras abandonarlo (o para poder abandonarlo). El poema, así, puede recitarse sin música *externa* porque no la necesita: ya la ha incorporado.

En la Antigüedad, cuando la poesía se presentaba integrada en una pieza musical, el elemento musical se consideraba algo variable, que dependía, entre otras cosas, del intérprete y del contexto,[1] mientras

---

ción, como quitarle la tilde a «fé» o la pe a «pneumático», o la pronunciación «juzgar» en vez de «judgar».

1. Las ideas de Cage y Stockhausen, o de los improvisadores que integran las características del entorno en su trabajo, tienen una larga historia, como vemos. En las artes plásticas pasa algo similar. Las pinturas y esculturas que se exponen en las iglesias dependen de la luz; la luz forma parte de ellas. *La Asunción* de la iglesia veneciana de Santa María del Frari, por ejemplo, está situada de modo que el sol del atardecer se suma al sol pintado por Tiziano, contra el que, en el cuadro, se recorta la figura de la Virgen entrando en el cielo. Dice Waldemar Januszczak que cuando se produce este efecto «es como si la Asunción estuviera ocurriendo ante nosotros»: al jugar con el contexto, la obra capta el movimiento y lo transmite. Otro ejemplo ilustre es *La Adoración del Cordero Místico*, de Van Eyck, en el que algunas joyas pintadas –que funcionan como espejos– reflejan la posición y la forma de la ventana de la catedral por la que entra la luz que ilumina la obra.

que las palabras permanecían siempre más o menos iguales. Cuando en la Biblioteca de Alejandría, en el siglo III, se trata de recopilar toda la cultura griega, lo que se anota son las palabras de los poemas, no su música. De un modo equivalente, la escritura registra con mucho detalle los elementos léxicos y sintácticos del lenguaje –es decir, lo más estático–, pero no refleja los elementos dinámicos como la entonación, el ritmo o el acento. Podemos interpretar esto como una muestra del elemento racional, de transacción y medida, del lenguaje escrito, pero también como una concesión de cierta libertad al lector, que puede imaginar y aportar los elementos emotivos y modelar, en cierto grado, el sentido.[1]

En muchas culturas, y en el griego y latín clásicos, se practica la *scriptio continua*: no se deja un espacio entre una palabra y otra, ni se marca de ninguna manera la separación entre los distintos vocablos. Antes, en la escritura de los fenicios, cuando solo se empleaban consonantes, sí se marcaba esta separación, pero el alfabeto griego, que incorpora los sonidos vocálicos, permite que no se haga. Es evidente que la escritura consonántica era más ambigua y por lo tanto exigía compensarse con esos espacios en

1. Es decir, la palabra escrita es más rígida pero también más flexible que la palabra oral. La poesía se instala en esa dimensión de la palabra escrita en que es más flexible. Este libro trata de sus esfuerzos para librarse del todo de la rigidez.

blanco entre las palabras, que eliminaban la ambigüedad y aumentaban la eficacia comunicativa. Se me ocurre –es una idea que no pretende tener ningún valor histórico– que la *scriptio continua* trata de reproducir el registro oral del lenguaje, en el que las palabras no se separan (ese registro, desde luego, pertenece al ámbito de lo que en este trabajo estoy llamando «lo real»), y que las palabras empiezan a distanciarse, con la reaparición de los espacios en blanco entre ellas, cuando entra en el lenguaje lo «irreal» de la escritura.[1] Esto irreal es reflejo de la abstracción: un pensamiento centrado en conceptos y no en sonidos.

La escritura no es una mímesis realista del habla. Se parece más bien a una traducción, en la que siempre queda fuera algo. Tiene, desde luego, algo de traición. En el nivel oral del lenguaje, insisto, no hay espacios entre las palabras: lo pronunciamos todo seguido. Y hay una sutilísima variedad de sentidos y sugerencias procedentes de la entonación, cosa que la escritura no capta. Una de las cosas que más llamativamente quedan fuera en la transcripción del lenguaje oral tiene que ver con la emoción, con el movimiento. En este sentido, la plasmación de lo oral por medio de lo escrito se caracteriza por una dificultad

1. Podríamos pensar que en «Una tirada de dados», el poema de Mallarmé, los exagerados espacios en blanco que separan las palabras suponen un intento de mostrar con contundencia que estamos en el ámbito de lo escrito y, por lo tanto, de lo artificial.

similar a la que sufre el poema para captar el impulso del que surgió.

Robert Frost afirmó que «la poesía es lo que se pierde en la traducción». No estoy de acuerdo con lo que quería decir, pero pienso que hay algo importante que se pierde en esa otra, primera traducción que se produce cuando el impulso de escritura se transforma en palabras. Pero ¿hay acaso un impulso original carente de elementos verbales? Esto parece algo sobre lo que cada uno puede opinar a su gusto. «Mi teoría», dice T. S. Eliot, «es que uno tiene primero un ritmo, y un movimiento, y después rellena con cierta aproximación al sentido.» A mí me parece difícil establecer una teoría sobre algo que cambia tanto de un caso a otro: no solo no todos los poetas escriben igual, sino que cada poeta no escribe igual todos sus poemas. A veces se empieza con palabras, a veces con ideas o sensaciones. A veces el impulso viene de un espacio donde no hay palabras, y entonces la poesía es la conversión o la traducción de algo al ámbito de la lengua.[1] Pero incluso si pensamos que no hay nada antes de las palabras, que ese espacio es un espejismo

1. Esa traducción, para algunos, consiste en hacer desaparecer el impulso que generó la obra. George Braque dice que «el cuadro está terminado cuando ha borrado la idea». Mallarmé, por su parte, escribe que cuando uno dice «una flor», surge «algo distinto»: «se alza musicalmente, idea también y suave, la ausente de todos los ramos», es decir, una flor que no existía. Algo también se gana en la traducción.

y que el poema siempre empieza a existir cuando se empieza a formular verbalmente, hay una «traducción» que consiste en llevar eso a la página, componerlo, corregirlo, y algo sin duda se pierde en ese proceso.

Cuando un poema se presenta oralmente, como ya he dicho, más allá del marco está el silencio que lo precede y lo sigue, pero también está el habla: la manera de pronunciar las palabras y frasear las oraciones en la vida cotidiana, lo «natural». Actualmente los poetas no suelen leer sus poemas con la altisonancia y el histrionismo de otras épocas, sino que emplean una voz bastante parecida a la que usan al hablar; y cuando presentan sus obras en público, no hablan de «recitar» sino de «leer» poesía. Todo esto implica, desde luego, un deseo de suprimir el marco, de permitir que lo real –el habla, la vida– entre en el poema, o que lo artificial del poema salga y se diluya un poco. No es casual que los poetas estéticamente más conservadores suelan ser los que, como es habitual en la tradición del recitado, señalen con más energía el marco. Sin embargo, hay excepciones. Pienso en poetas que emplean ese marco sonoro de un modo creativo, como Ángela Segovia, que imposta levemente la voz al leer sus poemas, creando una especie de personaje que le da al mismo tiempo solidez y fragilidad al texto, violencia y dulzura, realzando todo lo que tiene de paradójico –su artificial naturalidad– y multiplicando su atractivo. La *posibilidad*, al leer un poema, consiste también en crear una tensión entre lo que dicen las palabras y lo que dice la voz. Detrás de cada frase hay otra frase, detrás de cada verso hay otro verso. La poesía siempre aspira a esta tensión, también cuando no hay voz.

Creo que, en general, los poetas más interesantes tratan de leer de un modo natural y al mismo tiempo intentan dejar alguna marca que distinga su voz y su fraseo de su forma de hablar cuando no están leyendo poesía: pronuncian las palabras con más lentitud, quizá emplean un tono un poco más grave, ponen algo más de énfasis en los acentos y en el ritmo, que no tiene por qué mantenerse constante. En este sentido, el poema se puede mover un poco aunque sus palabras estén fijas; se mueve entre la versión escrita y la versión oral, pero también entre una versión oral y otra.

Por supuesto, la tensión de la que me gusta pensar que habla Gadamer no implica solo apartarse de lo cotidiano, sino también que el sentido no termina de estar, que su misterio no se resuelve nunca. Como ya hemos visto, en las obras de Mondrian el objeto no está y en las obras de Barry la obra no está. En el arte en general, hablemos de Barry, de Mondrian o de Botticelli, el sentido no está, pero está siempre a punto de llegar.

Quiero mencionar una obra de Ian Burn que se llama *Xerox Book* [El libro fotocopiado], un libro en el que cada una de sus cien páginas es una fotocopia de la página anterior. La primera está en blanco, y poco a poco se va incorporando la «mirada» de la fotocopiadora en forma de manchas (o «ruido visual»), como la «interpretación» de la Luna modifica la obra de Beethoven, como el fondo del cuadro de Opalka se va aclarando, como Cage no puede alcanzar el silencio total. Podemos «leer» este libro como un comentario etéreo y sutil sobre el paso del tiempo o sobre la lenta emergencia del sentido, pero también sobre cómo funcionan lo mismo y lo distinto; en cierto modo, estas páginas desprovistas de palabras dicen contundentemente que «lo mismo» no existe, que la repetición no existe: que toda representación es una distorsión, y que también hay algo hermoso en el hecho de que algo se gane y algo se pierda en la traducción.

En otro nivel, el límite del poema (el marco o la marca que lo define como tal, la idea que tenemos de lo que es la poesía) trata de impedir que el poema se mueva, intenta que se conserve siempre idéntico a sí mismo: que se reconozca su pertenencia a su género y que exprese y transmita unas ideas y unas emociones que forman parte de una categoría determinada. Es como si, al menos en cierta medida, no quisiéramos que el arte evolucionara. ¡Eso no es arte!, se oye decir cada vez que un artista aporta una idea nueva. Pero lo que debería decirse es: ¡eso no *era* arte! Ahora, gracias a esa novedad, la idea de lo que es el arte o la poesía ha cambiado.

Esto tiene que ver con una cuestión que ya ha aparecido en estas páginas y que constituye el principal problema que yo encuentro en la escritura: me parece que el gran fallo de la poesía es el hecho de que las palabras se quedan fijas sobre la página, siempre en el mismo orden, siempre en el mismo lugar, en una especie de disciplina mortuoria que, como ya comenté, no tiene nada que ver con el movimiento que hay en el proceso de escritura, ni con el que hay en el proceso de lectura, ni con la forma en que irrumpe constantemente lo real.[1] La vida implica movimiento, fugacidad, desapariciones. Por eso me resulta tan interesante la búsqueda de una escritura en la que las palabras mantengan algo de movimiento.[2] El movimiento del que hablo es el que está en la eti-

1. Esto del fallo, más que una idea, es una sensación. Este libro es un intento de investigar esa sensación, de convertirla en ideas. Se me ocurre que mis libros de poemas son, entre otras cosas, intentos de investigar esa sensación sin convertirla en ideas.

2. Mondrian habla de dos clases de equilibrio: el equilibrio estático, que «mantiene la unidad individual de las formas particulares» (y que tal vez podríamos relacionar con el fragmento), y el equilibrio dinámico, que «es la unificación de las formas a través de la oposición continua» (y que remite a la totalidad, su tensión, sus variaciones). «El primero es limitación, el segundo es extensión», añade. Esta unidad alcanzada por medio de la oposición continua supondría que las palabras estén quietas y al mismo tiempo se muevan.

mología de palabras como «emoción» o «conmover». Cerca de los límites mentales que mencionaba antes hay más movimiento;[1] sin abusar de las marcas hay más movimiento; la apertura de los bordes genera movimiento, es decir, vida, realidad, emoción.

Este movimiento, por supuesto, implica tiempo –un desplazamiento en el tiempo–, pero también logra que lo que permanece no se parezca a una fotografía, sino a una acción. Por eso Artaud afirma que «de una noche a otra es preciso que la obra cambie»[2] y defiende lo que «nunca se reproduce dos veces». Recurro una vez más a Barthes, que habla del orden en que la mano realiza los diferentes trazos que componen una letra y la dirección con que se ejecuta cada

1. Los miembros del coro, en el momento de la parábasis, se acercaban al borde del escenario, lo cual por un lado sugiere un deseo de salir y unirse al público, a lo real, y por otro señala el límite y lo realza. Kandinski escribe que cuando una forma se acerca al borde del cuadro «gana en tensión», pues «aumenta el sonido "dramático" de la construcción», y cuando se acerca al centro, aparece un «sonido "lírico"». En el momento del contacto con el borde, sin embargo, la tensión «desaparece súbitamente».

2. Esto no es una innovación radical del siglo XX. Gombrich escribe sobre *La Gioconda* que «como un ser vivo, parece cambiar ante nuestros ojos y mirar de forma distinta cada vez que volvemos a ella», y luego dice que la retratada «unas veces parece reírse de nosotros; otras, cuando volvemos a mirarla, nos parece advertir cierta amargura en su sonrisa». Esto, que «resulta un poco misterioso» –lo cual es «el efecto propio de toda gran obra de arte»–, tiene algo que ver con las numerosas «tomaduras de pelo» que nos hemos ido encontrando.

trazo y explica que eso se llama *ductus*, y que «el *ductus* no es una forma; es un movimiento [...] una temporalidad, el momento de una fabricación; solamente se lo puede captar si se fija mentalmente, no la escritura hecha, sino la escritura *que se está haciendo*». Y añade que esto es importante «porque es un hecho de producción (y no una forma del producto)» y porque «representa en estado vivo la inserción del cuerpo en la letra». Creo que centrarse en el goce de la mano, en el *pensamiento* de la mano (o del cuerpo, como se plantea en los ámbitos de la *performance* y la danza contemporánea), es otra manera de acercarse a las cuestiones que estoy planteando aquí: la relación entre lo real y el poema, entre el cuerpo y la letra, entre la vida y sus huellas, entre el momento de la creación y la permanencia estática de la obra.

Todas las ideas que tienen que ver con el «producto terminado» de Pound se hallan contenidas en la palabra «perfecto», que, como deberíamos saber desde que aprendemos los nombres de las conjugaciones, significa «hecho», «terminado». En cambio, todo lo relacionado con la utopía de captar el movimiento eterno y la aspiración de llegar al infinito, con la conciencia de que un poema no se termina sino que se abandona, tiene que ver con la imperfección.[1] Como ya vimos al hablar de «El poema tardío» (un poema intensamente

1. También encontramos estos dos puntos de vista sobre la creación en el ámbito de la teología. Hay quien defiende que Dios lo hizo todo en un momento inicial y quien sostiene que Dios sigue creando constantemente, que su obra no está terminada y que

abandonado, podríamos decir), la imperfección está asociada a la vida, es una marca de la vida, de lo que sigue moviéndose, frente a la perfección de esas obras que parecen morir cuando el artista las da por concluidas. Estas ideas se hallan contenidas en el concepto de *wabi sabi*, fundamental en la estética japonesa, que supone la valoración de lo imperfecto, de lo transitorio, de lo inconcluso, y que también puede entenderse como un intento de captar el paso del tiempo, de intentar que el tiempo forme parte de la obra.[1]

En 1985 Christian Marclay saca un disco que refleja claramente este intento y muestra algunas posibilidades de la imperfección: se llama *Record Without a Cover* [Disco sin funda] y contiene un largo pasaje de silencio (¿que tal vez podría interpretarse como una *versión* de *4'33"*?) y diversos fragmentos de música y de sonidos diversos. La intención del artista es

---

el futuro, por lo tanto, está abierto. Esto se conoce como *creatio continua*.

1. Hallamos algo similar en el concepto occidental de *non finito*, que valora asimismo lo poco pulido, lo antiacadémico, lo que transmite la sensación de espontaneidad. Eugène Delacroix escribe que «parte del efecto que producen las estatuas de Miguel Ángel se debe a ciertas desproporciones o partes inacabadas». También lo sublime está vinculado a la imperfección: «Una proporción demasiado perfecta perjudica la impresión de lo sublime». Lo *non finito*, lo que parece –o finge– ser un mero esbozo, tiene valor porque se lo supone más próximo al impulso que lo originó.

que, al carecer de protección, el vinilo se vaya deteriorando con el tiempo e incorpore sonidos que, por decirlo de algún modo, cuenten la historia particular de cada copia, de cada individuo. La pieza no solo capta un momento, como *4'33"*, sino que va cambiando a medida que pasa el tiempo. Por otra parte, también me parece interesante señalar que cada copia tiene sus marcas particulares y distintivas, pero no hay en ellas nada de subjetividad. Esta obra –dan ganas de referirse a ella en plural– no representa ni expresa nada: simplemente emplea, canaliza, la fuerza del tiempo. El sonido de la aguja sobre los discos de vinilo puede evocar cosas muy intensas para los que en alguna época de la vida escuchábamos música con esos ruidos siempre más o menos presentes. El valor emotivo o rememorativo de esos ruidos, que para muchos oyentes desaparecieron al surgir el *compact disc*, también va cambiando a medida que pasan los años y queda más lejos la época a la que aluden.

Escribe Olson que «lo que nace o se hace en este momento tiene / las cualidades de / este momento». Mantener algo vivo supone mantener vivo su entorno; para que lo fugitivo permanezca y dure necesitamos conocer su versión original, es decir, el verso que este verso oculta, el verso de Vitale, que tiene una claridad que Quevedo no recoge: necesitamos saber que *únicamente* «lo que está en perpetuo movimiento permanece». Como dice el propio Olson, «lo que no cambia / es la voluntad de cambiar».

Eliot también parece querer conciliar los puntos de vista de Heráclito y Parménides y lograr cierta clase de unidad: «Es este contraste entre la fijeza y el flujo, esta inadvertida evasión de la monotonía, lo que constituye la verdadera vida del verso». Y W. B. Yeats, hablando sobre cómo funciona un símbolo, afirma que «es la única expresión posible de cierta esencia invisible, una lámpara transparente que rodea una llama espiritual». Creo que se pueden emplear estas palabras para caracterizar también un poema. La esencia de esa esencia invisible es arder, moverse, mutar; la transparencia de la lámpara que la rodea consiste en dejar que se perciba ese movimiento.

Hay otras palabras de Eliot que vienen muy bien para acompañar esa idea de la esencia invisible, la música que no se oye (de Cage o Young) o el arte que no se ve (de Barry). Forman parte de «The Dry Salvages», el tercero de sus *Cuatro cuartetos*: «El momento dentro y fuera del tiempo, / la súbita distracción, quedarse absorto en un rayo de sol, / el tomillo silvestre nunca visto, o el relámpago invernal, / o la catarata, o la música escuchada tan profundamente / que no se escucha en absoluto / sino que eres la música mientras dura la música». *Escuchada tan profundamente que no se escucha en absoluto.* Se habla aquí de salirse de uno mismo, salirse del tiempo, franquear los límites de la identidad y de la temporalidad y, en vez de escuchar la música,[1] «ser la música». Estos versos sugieren que

1. Ya Keats había escrito que «las melodías oídas son dulces, pero las no oídas / lo son más», aludiendo, por supuesto,

el arte nos transforma, pero también señalan un elemento de sencillez en esa transformación. «Cuando bailo, significa: Esto es lo que estoy haciendo», dice Cunningham.

Roger Copeland escribe que «el impulso fundamental del expresionismo abstracto es transformar la pintura en baile». Esta transformación, como ya vimos, está vinculada a la idea de «scripción», que refleja un interés por el impulso que hay en el gesto corporal de la escritura. Hay una verdad misteriosa ahí, una parte de la energía de la creación está ahí, en el acto de escribir o de pintar, no en el producto. Esa energía ha pasado relativamente inadvertida y creo que es importante investigarla y visibilizarla.

Bill Evans compara la improvisación en el jazz con «un arte visual japonés en el que el artista se ve obligado a ser espontáneo. Debe pintar sobre un pergamino fino y tenso con un pincel especial y una acuarela negra de tal modo que una pincelada antinatural o interrumpida rompería la línea o traspasaría el pergamino. Es imposible borrar o cambiar nada. Estos artistas deben practicar una disciplina específica para permitir que la idea se exprese en comunicación con sus manos de una manera tan directa que no pueda interferir ninguna reflexión. Las obras resultantes carecen de la composición y las texturas complejas de

---

al hecho de que el oyente activo vive una experiencia más intensa gracias a su imaginación. Estas palabras son de 1819, pero de ahí al arte conceptual, de nuevo, no hay más que un paso.

la pintura normal, pero se dice que quienes saben mirar encuentran que ahí se ha captado algo que está más allá de cualquier explicación». Si en esas obras no hay composición es porque la composición tiene que ver con las relaciones que establecen las partes con el todo y cada parte con las demás, y aquí no hay partes ni todo, hay una unidad, un presente eterno. Este es, sugiere Evans, el enfoque de la improvisación.

Stockhausen, por su parte, trata de aplicar una sensibilidad parecida a la improvisación cuando propone el concepto de «forma-momento», que implica que cada acontecimiento musical es lo que es: no se establece una relación con lo que ocurrió antes ni con lo que ocurrirá después; es algo único, que sucede y se abandona. Se rechazan así las estrategias compositivas fundamentales de la música occidental, ya que la forma-momento prescinde de la repetición, la variación y el desarrollo. No hay una dirección que pueda predecirse teniendo en cuenta lo que está ocurriendo en el presente. Dice Stockhausen que el ahora puede ser «una eternidad que no comienza al final del tiempo, sino que es alcanzable en todo momento», que «no se trata de llegar a un clímax» y que estas formas son «inmediatamente intensas».

Barnett Newman dice que el acto de pintar busca algo que «evoque el recuerdo de la emoción de un momento de absoluta realidad». Por su parte, Charles Mingus explica: «Intento tocar como quien realmente soy. Si es difícil es porque estoy cambiando todo el tiempo».

«Lo único importante es este momento en movimiento. Haz que el momento sea importante, vital, que valga la pena vivirlo. No dejes que se escape, inadvertido y sin usar», escribe Martha Graham, haciendo una defensa de la espontaneidad en la danza, en la música y en la *performance.* Y dice también: «El movimiento nunca miente».

Por eso me parece tan pobre, tan poco estimulante, la poesía que parece decir «Esto fue así», la poesía que trata de mostrar que un sentimiento es de determinada manera, que afirma la realidad invariable de una experiencia. Con semejante enfoque también se muestra que ese sentimiento en realidad no era un sentimiento, era lo contrario de un sentimiento, algo fijo; que lo vivido es lo contrario de una experiencia, algo estático, muerto. Una forma muerta para un sentimiento muerto.

Esta rigidez con la que a veces se perciben las emociones y el pasado va unida invariablemente a cierta rigidez de la propia identidad, de la concepción de uno mismo. Ya he hablado, frente a esa rigidez, del llegar a ser uno mismo que proponía Píndaro; también Kierkegaard escribió que «el yo no es algo que es, sino algo que será. Una tarea». Ya he hablado de ese «error persistente» de la personalidad unitaria. Schlegel valora «una mente que contenga simultáneamente una pluralidad de mentes»; «contengo multitudes», escribe Walt Whitman; «hay, en cada uno de nosotros, todo un imperio oculto», percibe Valéry;

«somos un diálogo», indica Hölderlin.[1] Ya he mencionado esa «polifonía» que vuelve la escritura más real, más viva. «Solemos olvidar», escribe Pound, «que la palabra "personalidad" no aludía al alma, sino a la máscara del alma»; *persona*, en latín, era la máscara que empleaban los actores para salir a escena. Es decir, la personalidad es algo cuya esencia es cambiar (pero también ocultar: una *persona* oculta a una persona).[2] He hablado también del concepto de «heteroglosia», con el que Bajtín se refiere a la multiplicidad de voces –de puntos de vista, de sujetos activos– que a veces integran una obra; lo habitual es que se exponga un discurso dominante interrumpido por diferentes voces. No se trata meramente de distintos personajes, sino de una interacción en la que participan los personajes, el narrador (o los narradores) y el autor.

Eleanor Antin, que pasó veinte años creando una obra llamada *Selves* [Yoes] en la que encarna y documenta la existencia de muy diversos personajes inventados que, supuestamente, la constituyen, se refiere así a esta cuestión: «Me parece que los conceptos en que suele apoyarse cualquier autodefinición –sexo, edad, talento, tiempo y lugar– son unas limitaciones tiránicas de mi libertad de elección». En esos concep-

1. Heidegger señala que somos *un* diálogo, es decir, que ahí se habla de la pluralidad, pero también de la unidad: dos fuerzas en oposición.

2. Pero también mostrar: a veces, como ya hemos visto, necesitamos una máscara para poder exponer lo que somos.

tos no solo se apoyan las identidades individuales, sino también todo tipo de jerarquías. Antin no está hablando de los límites que separan la obra y lo real, sino de los que separan lo real de lo posible, de esa «posibilidad» en la que decía vivir Dickinson, y de cómo por medio de la obra podemos trascender o al menos debilitar esos límites. Por su parte, Buren escribe que el arte siempre es político, «al margen de que sea otras cosas», pues propone un «análisis de los límites formales y culturales» que constituyen el espacio en el que existe. «Estos límites son numerosos y tienen distintas intensidades. Aunque la ideología dominante y los artistas asociados a ella intentan camuflarlos por todos los medios, y aunque es demasiado pronto para hacerlos estallar –las condiciones todavía no se dan–, ha llegado el momento de hacerlos visibles y señalarlos.» Rimbaud quería, como se sabe, «cambiar la vida». Y Cage dice: «El arte ha hecho borrosa la diferencia entre el arte y la vida. Dejemos ahora que la vida haga borrosa la diferencia entre la vida y el arte».

La diferencia entre la vida y el arte se vuelve borrosa de una manera muy peculiar en el libro *Cáncer en mi huevo izquierdo*, de John Giorno, publicado en 1973. En la invitación a la presentación de la obra, la editorial anuncia «cordialmente» una fiesta en honor del autor en un local neoyorquino, pero este textito está impreso sobre una factura de hospital en la que se detallan los gastos por las pruebas y los tratamientos que le hicieron al poeta para su cáncer de testículo. Cinco imágenes de sus células cancerosas aparecen en la cubierta del libro. Lo interesante es que, con esta radical desaparición del yo poético, los poemas de Giorno son, en sus propias palabras, «una biopsia. La realidad del cáncer transformada en palabras», pero las imágenes que aparecen en ellos no remiten tanto al cuerpo del autor; aquí se habla de «la causa del sufrimiento del cuerpo de América». El autor, afirma el catálogo de la editorial, «disecciona la conciencia estadounidense y atraviesa los distintos estratos que, en conjunto, conforman» su país. Un poema siempre habla de otra cosa. O nos permite asistir a –como leemos en el libro– «la transformación de la realidad en las vibraciones de la voz humana».

En otra de sus obras, Antin presenta ciento cuarenta y ocho fotos de sí misma desnuda. La pieza documenta el proceso por el que la artista perdió unos cinco kilos gracias a una dieta a la que se sometió durante treinta y siete días. Su título, *Talla: Una escultura tradicional*, alude al «método de los escultores griegos», que consiste en ir tallando y eliminando el material que sobra hasta «alcanzar el ideal estético» que tenían en la mente. Por supuesto, aquí también se habla de otra cosa, o de varias, pero es muy evidente la puesta en primer plano de la presión que sufren las mujeres para alcanzar dicho ideal.

Comentando cómo en los años sesenta algunas artistas mujeres se enfrentan al minimalismo –la tendencia dominante del momento, que aspira a liberarse de cualquier interferencia lírica–, Lynn Herschman dice: «Lo personal se volvió político, y lo muy personal se volvió arte».[1]

El impulso del que estoy hablando, ese momento intuitivo que «Puede perderse / Como un aeróstato ligero / Que abandona el sueño nadando en chocolate azul», resulta muy difícil de caracterizar. Recurro una vez más a Hegel, que, al investigar sobre «el comienzo», afirma que «el ser está ya contenido en el comienzo», que «es la unidad del ser y la nada; es decir, es un no-ser que al mismo tiempo es ser, y un ser que al mismo tiempo es no-ser».[2] En el comienzo hay algo que todavía no es, pero será, y que se diferencia del ser y de la nada; creo que se puede establecer una analogía con ese impulso creador que se distingue del producto, del poema acabado, y que todavía está cerca de la posibilidad de no escribir el poema, o de escribirlo de otro modo. Hegel añade que el ser y la nada desaparecen en su síntesis, que es el devenir;[3]

1. Wallace Stevens, en cambio, afirma que «la poesía no es personal». Simpatizo con ambos puntos de vista. En algunos ámbitos, la contradicción, en consonancia con el espíritu de este libro, no es solo aceptable, sino también bienvenida.

2. Recordemos a Opalka: «El problema es que somos y estamos a punto de no ser».

3. Recurro una vez más a Eliot, que comienza su poema «East Coker», otro de los *Cuatro cuartetos*, diciendo: «En mi principio está mi fin», y lo concluye diciendo: «En mi fin está mi principio». Por el camino, por cierto, pasa por unas cuantas paradojas: «Y lo que no sabes es lo único que sabes / y lo que

creo que se puede aceptar que el concepto hegeliano de devenir está próximo a lo que aquí estoy llamando «movimiento» o «proceso».

«Las creaciones del arte son superiores a las producciones de la naturaleza», dice también Hegel, ya que «ninguna existencia real expresa la idea como lo hace el arte». La idea, para él, es lo fundamental, lo cual nos permite conectarlo con el arte conceptual, aunque Hegel hace hincapié en el aspecto sensible, sensorial, de las obras, que pueden tener «una perpetuidad, una duración de la que carecen los seres perecederos de la naturaleza». ¿Cómo mantener esa duración? No, desde luego, por medio de la mímesis, que es un «trabajo pueril, indigno del espíritu al que se dirige, indigno de la persona que lo ejecuta», y que «no conseguirá más que revelarle su impotencia y lo vano de sus esfuerzos, porque la copia será siempre inferior al original». El arte no debe «representar la forma externa de las cosas, sino su principio interno y vivo».

Si Hegel ha aparecido tantas veces en estas páginas es precisamente debido a su interés por el proceso y por la importancia que concede a las fuerzas en oposición. Lo que se conoce como «dialéctica hegeliana» muestra un interés por la capacidad generadora de la contradicción: la tesis genera una antítesis que la niega y de esta tensión surge una síntesis (susceptible de

---

posees es lo único que no posees / y donde estás es donde no estás». Todas estas oposiciones desaparecen en su síntesis para dar lugar a una verdad de otro orden.

convertirse en una nueva tesis).[1] Esto, por supuesto, es otra reformulación de las ideas de Heráclito.

Como se sabe, Heráclito era apodado «el Enigmático» y «el Oscuro»; «no expresa nada con claridad», dice de él Teofrasto; y en el *Teeteto* de Platón se critica a Heráclito y sus seguidores diciendo que «nada hay fijo en sus doctrinas» –lo cual es de lo más coherente–, que «si los interrogas, sacan de su aljaba pequeños aforismos enigmáticos para lanzártelos y, si intentas obtener alguna explicación de su significado, inmediatamente serás atacado con una nueva metáfora», que «no existe entre ellos algo semejante a un maestro o a un discípulo» y que «cada uno guía su inspiración por donde puede, y ninguno de ellos piensa que otro pueda comprender algo».[2] Diógenes Laercio, sin embargo, dice que «ocasionalmente en su

1. La dialéctica de Hegel no opone tesis y antítesis para dar lugar a la síntesis, como suele citarse; estos conceptos son de Fichte. Hegel habla de lo abstracto, lo negativo y lo concreto. «Abstracto», como ya he comentado, significa etimológicamente «extraído, sacado, trasladado fuera». Es una palabra que habla de los límites externos y del desplazamiento más allá de ellos.

2. Podría haber mencionado estas ideas al principio, al hablar de la falta de un sentido unívoco de la poesía, pero me pareció más interesante reservarlas para este momento y centrar la atención en la ruptura de las jerarquías (no hay maestro ni discípulo) y en la libertad (cada uno hace lo que quiere y entiende lo que puede) que tanto molestaban a Platón y que tanto anhelan artistas como Antin o Buren.

tratado fluye algo de brillante claridad, de manera que incluso el más lerdo puede comprender fácilmente y experimentar una elevación del espíritu»; creo que se puede inferir que aquí «comprender» no tiene que ver con la inteligencia, sino con la elevación del espíritu. Es una buena forma de describir el tipo de comunicación que pueden proporcionar las artes, desde luego. También Nietzsche dijo de Heráclito «el Oscuro» que «nadie ha escrito nunca de un modo más claro y luminoso».

El hecho de que haya reacciones tan distintas ante un mismo texto nos puede servir para mencionar una vez más la importancia del papel del lector en la generación de sentido. Si el sentido no es un producto que está fijo en la obra, sino que es un proceso y no ocupa un lugar preestablecido, la obra puede emplear numerosas estrategias para que el público entre en ella y adopte un papel activo. Como los espejos que colocaba Kaprow, en los poemas hay elementos que facilitan la entrada de los lectores, que los estimulan a mantenerse en movimiento, que asumen que están vivos. En algunos casos, la bofetada metafórica que los futuristas rusos proponían darle al gusto del público se vuelve casi literal: escribe Susan Sontag que en los *happenings* «el evento parece ideado para molestar y maltratar al público. Los intérpretes pueden rociar con agua al público, o tirarle monedas o detergente en polvo para hacerlo estornudar. Puede haber alguien que haga ruidos casi ensordecedores golpeando un barril de petróleo o que agite una antorcha en dirección a los espectadores».

He dicho antes que ciertas obras que se salen del lugar que supuestamente le corresponde al arte se perciben como una tomadura de pelo, y que esta percepción está prevista, es una posibilidad, por decirlo así, inscrita en la obra. Me parece que esto se puede interpretar también como un gesto democrático, respetuoso con el público. La obra incluye casi explícitamente la posibilidad de parecernos pobre. Frente a esto, el arte «bien hecho», pulido, impecable (dan ganas de volver a la palabra «perfecto»), parece querer negar esta posibilidad; parece querer legitimarse por su perfección artesanal.

MISIÓN CUMPLIDA

árboles plantados	17
hijos	6
obras publicadas	7
total	30
operaciones quirúrgicas	1
caídas fatales	17
caries dentarias	17
total	35
lágrimas	0
gotas de sangre	0
total	0

besos corrientes	48
“ con lengua	17
“ a través del espejo	1
“ de lujo	4
“ Metro Goldwyn Mayer	3
total	548
calcetines	7
calzoncillos	1
toallas	0
camisas sport	1
pañuelos de mano	43
total	473
mapamundis	1
candelabros de bronce	2
catedrales góticas	0
total	3
humillaciones	7
salas de espera	433
salones de peluquería	48
total	1534901
capitales europeas	548
piojos y pulgas	333333333
Apolo 16	1
total	49

secreciones glandulares	4
padrinos de casamiento	7
tuercas y pernos	4
total	15

joyas literarias	1
padres de la Iglesia	1
globos aerostáticos	17
total	149

Este poema de Nicanor Parra me parece un buen ejemplo de obra «imperfecta», que no pretende ser impecable desde el punto de vista artesanal. Es un poema claramente despeinado, espontáneo, asimétrico, hecho con flecos sueltos, es decir, con algunos elementos que no parecen contribuir al todo y que dan una gran sensación de que el desarrollo del discurso no es lógico, sino arbitrario. La simetría exigiría que nos quedáramos en el nivel de la conocida frase que asocia los árboles, los hijos y las obras, una frase que justifica la primera «estrofa» del poema. La suma de lágrimas y gotas de sangre responde a esa misma lógica (suele decirse que no se pueden sumar peras con manzanas, pero claro que se pueden sumar, si uno da un pequeño paso mental –la abstracción– y las conceptualiza como frutas; lo mismo pasa aquí con las lágrimas y la sangre: Parra nos lleva a pensar qué tienen en común, o a inventar una categoría que las englobe a ambas). Las sumas de tipos de besos o de diversos artículos de tela también conservan esa lógica inicial. Sin embargo, luego aparece algo claramente asimétrico, cuando se suman, por ejemplo, las capitales europeas, los piojos y pulgas y el Apolo 16, o las secreciones, los padrinos y las tuercas. Y ¿qué decir de humillaciones, salas de espera y salones de peluquería? ¿Pueden sumarse o no? Parece que estamos de nuevo ante uno de esos intentos, por parte de la poesía, de hacernos pensar lo impensable. Sin embargo, ¿que nos hagan esperar no es una humillación? ¿Que nos peinen no es una humillación? Recordemos que Ashbery hablaba de que «en el colegio / nos peinaron todas las ideas».

Este poema, que desde cierta concepción de la poesía puede considerarse una tomadura de pelo –y aquí cabe pensar que «tomar el pelo» significa despeinar a quien está peinado–,[1] muestra de un modo muy vívido que no todo es cuantificable. Y el movimiento que genera, en mi opinión, consiste nada menos que en aprender a leer. También en el poema de Sotiropoulos encontrábamos toallas, sábanas y una almohada, y «todo esto junto doblado», es decir, sumado y peinadito. No todo es cuantificable, pero quizá si aceptamos que este poema nos puede enseñar a leerlo, podamos fijarnos en algunos números, más allá de comprobar si se están sumando correctamente o no. Por ser el primero, y por repetirse en la segunda «estrofa», llama la atención el número 17, que en el contexto de la poesía se asocia inmediatamente con

1. Hay diversas hipótesis sobre el origen de esta expresión, y debo admitir que esta no figura entre ellas.

el haiku. Resulta que el poema tiene 33 versos; con el título, son 34, es decir, dos veces 17. ¿Qué significa esto? No lo sé, pero transmite una sensación de orden más allá del aparente caos; una superación de las categorías de orden y caos, una síntesis de ambas. Vemos que algunas sumas están bien hechas y otras no. La primera que falla es la de la cuarta estrofa. ¿Nos está diciendo que los besos no se pueden sumar? ¿O que a veces el resultado de la suma se percibe como muy superior al número de besos contados uno a uno? O quizá nos llame la atención que los besos corrientes son 48 y los besos totales son 548, y esto nos lleve a restar esos besos corrientes, de modo que nos quedan justo 500 besos. Los besos con lengua sumados a los besos «a través del espejo», «de lujo» y «Metro Goldwyn Mayer» dan 25. Como para cuadrar la suma necesitamos 500, podemos pensar que cada uno de esos besos vale lo mismo que 20 besos corrientes. 25 x 20 = 500, que sumados a los otros 48 justifican los 548 totales. ¿No estarán bien hechas *todas* las sumas, y lo que ocurre es que no siempre entendemos su lógica? Parra fue profesor de matemáticas, de modo que no es *descabellado* pensar que nos está invitando a jugar de este modo con los números, a mantenerlos vivos. ¿Por qué no tomarnos las matemáticas poéticamente, como algo que no tiene un sentido fijo y una función de intercambio, sino que fomenta la imaginación y hace que «lo incierto se una a lo preciso»? También podemos pensar que quizá no todas las «estrofas» sean sumas; como los números de las tres primeras suman, quizá hayamos asumido erróneamente que todas lo son. Y ya que estamos, el hecho de que las lágrimas y las gotas de sangre –la tristeza, el sufrimiento– sumen cero ¿no sugiere una poética que rechaza la común idea de que el arte se justifica por reflejar y suscitar emociones, una poética que elude la «interferencia lírica del individuo»?

En otro lugar, Parra escribe que «el poeta es un hombre como todos / Un albañil que construye su muro». A pesar de que la metáfora del albañil hable de construir muros,[1] lo que proponen estos versos es otra manera de superar un límite análogo al que separa el arte de la vida o al artista del artesano. Por supuesto, mi opinión es que lo que se dice ahí es radicalmente falso. Para empezar, el artista no se forma en un colegio, pero el artesano sí: para ser como todos, hace falta que le peinen las ideas. El artesano no firma su obra, ya que cualquier albañil construye más o menos el mismo muro, mientras que el artista trabaja desde su subjetividad, incluso cuando intenta neutralizarla. El artesano no cuestiona el lenguaje de su disciplina, cosa que caracteriza a todo artista. Pero además Parra no solo no es un hombre como todos, sino que ni siquiera es un poeta como todos; es un antipoeta, como él mismo afirma. «Misión cumplida» no es, evidentemente, un poema como todos. Ni siquiera es como otros poemas de Parra. Tal vez, al igual que resulta imposible ser del todo espontáneo, resulte imposible ser como todos. Uno se peina para

1. Parra, como corresponde, es incoherente con su propio lema «Guerra a la metáfora».

los demás. Pero ojo, también sabemos que hay quien se despeina para los demás. Las categorías de peinado / despeinado no bastan. Lo despeinado puede ser una manera de peinarse. En Parra, lo despeinado resulta convincente. En los poetas que son «como todos», que se repiten y repiten a los demás, no lo es.

Leonard Meyer explica que en el siglo XVIII el vibrato se empleaba como una marca de intensidad: recalcaba ciertas frases musicales, les aportaba una mayor expresividad. Poco a poco, los distintos instrumentos comenzaron a tocar todo el tiempo con vibrato, de modo que este dejó de ser una desviación para convertirse en la norma. Esto es así hasta tal punto que en el siglo XX algunos compositores indican que ciertas frases no deben tocarse con vibrato; esa es su marca de intensidad. Es decir, lo que genera intensidad no es el vibrato o la falta de él, sino salirse de la rutina e incumplir las expectativas. Lo mismo sucede con el empleo del cromatismo: en la época clásica, las notas cromáticas no suelen emplearse en los temas principales de las obras, sino en los pasajes que sirven para enlazar una sección con otra o en los desarrollos de las melodías. Generan incertidumbre armónica, demoran las resoluciones y frustran las expectativas de los oyentes; es decir, crean tensión. Pero durante el siglo XIX el empleo del cromatismo se convierte en habitual en todas las partes de la obra. Como dice Meyer, «su uso pródigo y desmesurado sirvió, en última instancia, para debilitar y destruir su eficacia, porque tendió a volverse normativo dentro del estilo». Esta idea de que la intensidad y la emoción están en las desviaciones de la norma se puede aplicar a casi cualquier campo. Pensemos, por ejemplo, en el orden en que se presentan los sustantivos y los adjetivos. En español, «campos verdes» es normal y «verdes campos» es intenso; en inglés, en cambio, lo normal es que el adjetivo preceda al sustantivo. Por eso cuando, en *Macbeth*, Shakespeare escribe que se escucharon «strange screams of death, / and prophesying, with accents terrible» [gritos de muerte extraños / y profecías en horribles tonos], logra un efecto sumamente fuerte poniendo el adjetivo («terrible») detrás del sustantivo. Todo esto es para decir que si todos los poetas escribieran como Parra, los antipoemas pasarían a formar parte del *establishment*.

También en consonancia con las ideas de Heráclito, Henri Bergson afirma que «no hay afecto, representación ni volición que no se modifique en todo momento», «la transición es continua», el cambio es «lo más sustancial y duradero» y «su solidez es infinitamente superior a la de una fijeza que no es más que un acuerdo efímero entre movilidades». El movimiento, diría yo, produce más cambios cuanto más imperceptible es.[1]

1. Las obras modifican nuestras expectativas, y esto a su vez modifica nuestra recepción de las obras. Cuando la modificación de las expectativas resulta más evidente, la influencia de las nuevas expectativas sorprende menos.

Quiero comentar otra pieza de Antin, que se llama *100 botas* y consiste en una serie de postales en las que aparecen imágenes de cincuenta pares de botas de lluvia negras, casi siempre colocadas en fila, que la artista fue llevando en un viaje de dos años y medio desde California hasta Nueva York. Se me ocurre que las fotos, en las que aparecen las botas en distintos contextos, se pueden considerar las huellas del viaje, las huellas que han ido dejando las botas. Las huellas, por supuesto, no tienen por qué ser solo un registro del pasado. Pueden ser algo vivo.[1] Las botas desfilan, quietas y en movimiento. Viajan con Antin, pero también viajan a través del correo. Además, como pasaba en *Una y tres sillas*, los cincuenta pares de botas (quietas) son también un único par de botas (en movimiento); es decir, al ver las fotos, por la naturaleza misma de las botas, pensamos que cada par representa un paso, un cambio de posición.[2] Antin dispone

1. No me resisto a contar que, ya en el siglo XIX, Hokusai dibujó en una ocasión el contorno de un río y luego empapó las patas de un gallo en pintura naranja y lo puso a caminar sobre el río dibujado, de modo que sus huellas parecían las hojas otoñales de los arces flotando en la superficie del agua. Se trata de un gesto que tiene que ver con muchas de las cosas que estoy comentando aquí: ahí están, literalmente, las huellas de lo real, la realidad entrando en la obra, la apertura a lo azaroso y contingente, una estrategia para captar el movimiento.

2. Es significativo que Antin enviara 51 postales; si, como he dicho, cada foto es una huella de las botas y cada par de bo-

una serie de objetos estáticos, pero cada foto logra mostrar una trayectoria (y la serie de fotos muestra otra u otras).

En «Burnt Norton», el primero de sus *Cuatro cuartetos*, tras escribir que «lo que podría haber sido y lo que ha sido / señalan hacia un final, que está siempre en presente», Eliot dice que «las pisadas resuenan en la memoria / por el camino que no tomamos / hasta la puerta que nunca abrimos / y entran en la rosaleda». Estos versos podrían relacionarse con varias de las cuestiones que hemos estado viendo, pero ahora me interesa que nos fijemos en que Eliot conecta dos espacios separados, lo interior y lo exterior. Por su parte, Kandinski empieza su libro *Punto y línea sobre el plano* contraponiendo dos modos de experimentar los fenómenos: la interioridad y la exterioridad. Lo ejemplifica diciendo que se puede observar la calle a través de una ventana, con lo que los ruidos llegan «amortiguados» y los movimientos resultan «fantasmales», o salir a la calle y captar «su permanente cambio».[1] La posibilidad –cierta indistinción entre «lo que podría haber sido y lo que ha sido»–,

---

tas representa un paso, podemos entender este número como una indicación de que las huellas desbordan los pasos, como el sentido desborda las palabras o el amor de Shakespeare desborda el tiempo.

1. Parece estar hablando, cincuenta años antes, de las banderolas de Buren, y, como si quisiera confirmar esta impresión, menciona «un juego de rayas y líneas verticales y horizontales», el reflejo de este movimiento que también nos lleva a pensar en las retículas.

como dice el poema de Dickinson, vuelve amplio lo estrecho y nos permite aspirar a «recoger el paraíso», es decir, a superar los límites temporales, a acceder a un tiempo sin tiempo, un tiempo «que está siempre en presente». Cuando Dickinson afirma que «el poema es exterior al tiempo» (idea que, como vimos, también aparece en el «Soneto 18» de Shakespeare), quizá se esté refiriendo a esto.

La conciencia de lo que podría haber sido y de lo que podría ser, o, dicho de otro modo, la coexistencia de todos los tiempos verbales (pretéritos, futuros, condicionales, subjuntivos), es lo que le da movimiento y realidad al arte y a la vida, lo que los saca de la estrechez del mero presente. Dicho de otro modo: lo que nos permite estar presentes en el presente.

HOMBRE Y TIEMPO

Un hombre dice: el futuro es mejor que el
presente.
Un hombre dice: el presente es mucho peor que el
pasado.
Un hombre dice: ¿qué?
El tiempo dice: vosotros insultáis mi presencia.
Si el pasado es tan bueno, volved.
Si el futuro es tan bueno, venid conmigo.
¿De qué estáis hablando?
No tengo ni idea de qué queréis decir.[1]

1. Traducido de la versión inglesa de Michel Hockx.

Este poema de Lu Xun muestra de un modo muy explícito la incapacidad humana para entender, valorar y representar el tiempo. Como ya hemos visto, hay cosas sobre las que no se puede hablar sin desvirtuarlas. O, mejor dicho, sobre las que solo se puede hablar saliéndose del lenguaje, fuera de los límites de la lógica y el intercambio comunicativo, yendo más allá de las categorías con las que solemos pensar. Es decir, por medio de la poesía. Creo que esto es parecido a lo que plantea aquí e. e. cummings:

cuando dios decidió inventarlo
todo tomó una bocanada
más grande que una tienda de circo
y todo empezó

cuando el hombre resolvió destruirse
a sí mismo separó el era del
será y al encontrar solo por qué
lo machacó y convirtió en porque

Lu Xun opone el hombre al tiempo; cummings opone el hombre a Dios. Yo también comparé a Dios con el ser humano al plantear que la identidad del primero es inmutable e indiscutible mientras que la nuestra es fluida e incierta. En este poema, Dios representa la acción pura –asociada con la vida (la respiración) y lo lúdico (el circo)–, mientras que el ser humano parece empequeñecerse por su necesidad de razonar, por su manera de confundir las causas con los efectos y por su incapacidad de convivir con la incertidumbre: no soporta ciertas preguntas y las convierte en respuestas, falseando su percepción de la realidad.[1] Pero cummings también distingue la improvisación, que tiene lugar en el presente, de las actividades que se basan en separar el futuro y el pasado, la causa y el efecto (que son, por decirlo así, el antes y el después del movimiento).[2] Para él, lo espontáneo y juguetón es superior a los productos del pensamiento analítico: una defensa de la poesía frente a la razón.

«No será lo que aún no haya venido, sino / lo que ha llegado y ya se ha ido, / sino lo que ha llegado y ya se ha ido», escribe César Vallejo. El futuro no puede separarse del pasado: *es* el pasado, igual que, como vimos, la noche empieza al mediodía. Lo que queda, lo que será, es lo que ha estado moviéndose. En otras palabras, «lo fugitivo permanece y dura». La mera repetición, en este fragmento de Vallejo, y ese leve desplazamiento (de la palabra «sino», que se mueve, llega y se va) crean un ritmo que subraya, de un modo mucho más profundo de lo que podríamos expresar por medio de la dimensión semántica del lenguaje, esa proximidad entre el antes y el después.

1. «El propósito del arte es revelar las preguntas que han sido ocultadas por las respuestas», dice el novelista James Baldwin.

2. cummings dice esto muy explícitamente: «Si un poeta es alguien, es alguien para quien las cosas hechas importan muy poco, alguien que está obsesionado con Hacer».

Las diversas estrategias para iluminar y superar los límites del poema que he comentado me parecen formas de hacer frente a un problema que no es la famosa insuficiencia del lenguaje, sino la dificultad de mantenerlo en movimiento, de mantener activo cada «por qué» sin reducirlo al estatismo del «porque». «Una idea, al expresarse, se vuelve falsa», afirma Dmitri Merezhkovski. «La poesía más gloriosa que se ha comunicado al mundo probablemente sea una débil sombra de las concepciones originales del poeta», escribe P. B. Shelley. «Qué corto es el decir, no alcanza / a mi concepto», se lamenta Dante al final de la *Divina comedia.* Yo no estoy hablando de esto; no estoy hablando de ideas que las palabras no logran reproducir, ni de que la intensidad de la experiencia vivida no se pueda comunicar por medio de la poesía. Estoy hablando de algo más abstracto –un ritmo, una sensación, un tono emotivo–, de algo que pierde su energía si no se encuentra un modo de que siga latiendo a través del tiempo, si no incorpora el tiempo en su latir.[1]

Ígor Stravinski afirma que «en cuanto tomamos conciencia de un sentimiento, este ya está frío» y es se-

1. Recurro una vez más a Mondrian, que trabaja partiendo de un problema similar, o al menos equivalente: «Debido a diferentes causas (como los cambios de luz), la apariencia de la naturaleza y la realidad no es constante. En la expresión plástica, la obra de arte es constante». Por eso se necesita el equilibrio dinámico antes mencionado.

mejante a la lava, que al enfriarse adquiere una forma inmutable. Esta idea ya ha aparecido aquí con otra forma: cuando uno toma conciencia de que es espontáneo, desaparece la espontaneidad; algo se apaga con la autoconciencia. Cuando Momo propone mirarse a uno mismo, cuando Shakespeare y Bernstein y Escher y Sotiropoulos recurren a la autorreferencia, están combatiendo esa idea. La toma de conciencia de ciertos procesos interiores es un deseo tradicional en el ámbito de la filosofía: la aspiración a «comprender el comprender», en palabras de Schlegel. «Describirse constantemente a sí misma es la principal característica de la mente», apunta Henri Focillon.

Creo que sí se puede tomar conciencia de un sentimiento de tal modo que se mantenga vivo, pero para eso hacen falta cierto tipo de sentimientos y cierto tipo de conciencia (verdaderamente propios los primeros, suficientemente libre de lo racional la segunda). Y creo que sí se puede ser espontáneo y consciente de la propia espontaneidad, pero para eso hace falta integrar esa conciencia que podría desactivar la espontaneidad de tal modo que la potencie (quizá esto sea lo que se intenta al «mostrar el artificio»: *naturalizar* esa conciencia, ese gesto que se percibe como artificial). Lo que he estado investigando aquí es la posibilidad de trasladar esto, o algo parecido a esto, al ámbito de la poesía y el arte.

«Total: morir después de la muerte», escribe Armand. Diría que ese «total» pertenece al ámbito de la aritmética, indica el resultado de una suma, remite a lo racional en tanto *ratio.*[1] Y la muerte es tan obviamente un límite, una interrupción, una indeterminación, un azar, que podríamos pensar que todo lo que se está diciendo aquí en realidad es un comentario sobre la muerte, la gran irrupción de lo real.[2] Pero parece que se puede morir después de la muerte. «Un día después», según Armand. Las palabras, gracias a su uso paradójico y contradictorio, aquí están vivas y siguen moviéndose; la obra, en alguna medida, funciona como la naturaleza.[3] «Solo mediante forma y estructura / pueden llegar a la quietud la música o las palabras / como un inmóvil jarrón chino / se mueve perpetuamente en su quietud», dice Eliot. El arte tal vez permita conciliar los opuestos y conservar el mo-

1. Koch menciona «unos pocos sentidos» de cierto poema y dice que están relacionados «con todos los sentidos posibles, como nuestra galaxia es la suma total de todas las galaxias»; y también cuenta que le ocurre constantemente que algo le parece racional en el momento de escribirlo y después le da la impresión de no tener sentido, y que «si uno escribe lo bastante rápido cuando esto ocurre, puede captar el movimiento de la mente». «No tiene sentido perseguir algo que está quieto», añade Ashbery.

2. Por eso Harwood dice que «debería ser pronto, / porque ya debe estar mayor». Por eso On Kawara insiste: «Sigo vivo». Por eso Opalka sigue pintando números en nuestra imaginación desde el otro lado de su muerte.

3. Por eso dice Rosenberg, en consonancia con las palabras de Gadamer que mencioné al principio, que «en el efecto final, la imagen, al margen de lo que haya o no haya en ella, será una *tensión*».

vimiento para siempre, permitiendo que el tiempo trascienda la trinidad y sea uno.

Deseamos capturar lo fugaz y hacerlo permanecer, pero cuando lo hacemos permanecer, se nos ha escapado: se ha perdido su carácter fugaz, es decir, su esencia. Esta imposibilidad, este fallo de la poesía, en realidad es también uno de los grandes fallos de la vida: «Estamos a punto de no ser». O quizá, al igual que el gran fallo de la vida –el hecho de que sabemos que vamos a morir– es algo que le puede dar sentido a la vida, el fallo de la poesía del que hablo no solo les da sentido a los poemas, sino también al acto de escribirlos; tiene que ver con intentar lo imposible.

Hay contradicciones que se pueden resolver y hay contradicciones que no. Recordemos, en cualquier caso, la importancia que tienen las contradicciones y las tantas veces citadas «dos fuerzas en oposición»: «Su acción recíproca constituye la vida». Quizá el deseo de movimiento sea un deseo de no morir, de que cese el movimiento del tiempo. La poesía remite a la realidad y niega la realidad, como la memoria, como la esperanza, como los sueños.